Vera Griebert-Schröder
Eine Reise zu den Ahnen

W0039135

VERA GRIEBERT-SCHRÖDER

EINE REISE ZU DEN AHNEN

SCHAMANISCHE WEGE ZU DEN EIGENEN WURZELN

Unter Mitarbeit von
Franziska Muri

Allegria

Allegria ist ein Verlag der Ullstein Buchverlage GmbH

ISBN: 978-3-7934-2285-3

© 2015 by Ullstein Buchverlage GmbH, Berlin
Lektorat: Vera Baschlakow
Umschlaggestaltung: X-Design, München
Satz: Keller & Keller GbR
Gesetzt aus der Minion
Druck und Bindearbeiten:
GGP Media GmbH, Pößneck
Printed in Germany

Inhalt

Fantasiereisen, Rituale und Übungen im Überblick

Vorwort

In der Planungsphase zu diesem Buch hatte ich einen Traum: Ich war auf einem großen Fest, über uns der weite Himmel mit Millionen funkelnder Sterne und um uns herum die Häuser der Stadt. Alle tanzten ausgelassen, und während ich mich mitten in der Menschenmenge bewegte, kam mir auf einmal der Gedanke, dass all diese anderen Feiernden genauso wie ich unzählige Ahnen haben. Und plötzlich waren sie alle da. Fast durchschimmernd, wie durchsichtig wirkten sie, aber für mich waren sie doch gut erkennbar. Wir lebendigen und an diesem Abend sehr fröhlichen Menschen tanzten auf einem Platz, ähnlich dem Marienplatz in München, und plötzlich war es richtig voll geworden – der große Platz quoll über vor Menschen, und das Tanzen wogte hinein in die angrenzenden Straßen. Wir alle bewegten uns zur Musik und schauten uns dabei immer wieder heiter und freundlich an. Ich spürte ein unfassbar großes Wohlwollen von diesen nicht ganz wirklichen, aber doch so realen Mittänzern um uns herum ausgehen, von diesen unzähligen Ahnen. »Hey, tanzt! Wir wollen, dass es euch gut geht, dass ihr glücklich seid«, das schienen ihre Blicke zu sagen. Eine Woge der Begeisterung hatte unsere gesamte Feiergemeinschaft erfasst. Wir alle schienen mit einem Mal zu strahlen und regelrecht zu leuchten. Eine ungeheure Kraft bahnte sich hier ihren Weg.

Meine Vision für dieses Buch passt sehr gut zu diesem Traum. Ich wünsche mir, dass Ihnen die folgenden Kapitel genau dieses Strahlen und Leuchten bringen, wie ich es bei den Menschen in meinem Traum wahrgenommen habe. Dass Sie die große Kraft für sich verwirklichen können, die aus einem gepflegten Kontakt mit den Ahnen erwächst. Es ist mir eine Freude, mein über mehr als zwanzig Jahre angesammeltes fachliches Wissen und meine praktischen Erfahrungen nun in Buchform weiterzugeben. Ich hoffe sehr, dass auch Sie, wie meine Klienten und Seminarteilnehmer, am Ende sagen können: »Ich spüre mich voller Lebensfreude und Kraft, und damit werde ich nun meine Zukunft gestalten.« Ich wünsche mir, dass auch Sie die uneingeschränkte Zuwendung und Unterstützung aus einem großen System erfahren, das Sie trägt, stützt und begleitet.

Sehr viele Menschen heute sind bereits in der Lage, sich zu zentrieren und immer wieder neu zu erden. Das ist in unserer extrem schnelllebigen Zeit sehr wichtig, ja beinahe überlebensnotwendig geworden. Zentrierung und Erdung kommen mir so vor wie das gesamte Astwerk und der Stamm eines Baumes, und es ist sehr gut, wenn man beides entwickelt hat und weiterpflegt. Damit der Baum aber kraftvoll nach oben wachsen kann, braucht er noch etwas Drittes: starke Wurzeln. Als Menschen können wir diese Verwurzelung dadurch erlangen, dass wir uns das gesamte Potenzial aus unserem Ahnenfeld erschließen und körperlich sowie energetisch spüren, dass dessen große Kraft auch in uns wirkt. Genau dazu lade ich Sie mit diesem Buch von Herzen ein.

Ihre
Vera Griebert-Schröder

DIE WELT DER AHNEN
UND DIE UNSERE

»Meine Ahnen meinen es gut mit mir! Sie sind voller Herz-
lichkeit und sehr wohlwollend!« Diese ebenso verwunderte
wie berührte Aussage einer Frau ist mir aus einem meiner
ersten Ahnenseminare noch gut in Erinnerung. Ich erlebte
bei dieser Teilnehmerin, was sich bei vielen Menschen, die ich
danach ein Stückchen auf ihrem Weg begleiten durfte, wie-
derholte: Innerhalb von zwei Tagen wandelte sich das Bild
völlig, das sie von ihren Vorfahren hatte. Zu Beginn spürte
sie, wenn sie an sie dachte, eine verwirrende Mischung aus
Interesse und kühler Vorsicht, Neugier und Angst, Verpflich-
tung, Zuneigung und auch Scham, dazu eine unbestimmte
Sehnsucht. Und am Ende des Wochenendes hatte sie ihnen
gegenüber ein offenes, liebevolles Herz und äußerte zutiefst
wertschätzende und dankbare Worte in Richtung der Ahnen.

Dazu kommt sehr oft das glückliche Staunen darüber, sich
mit einem Mal ganz neu im Leben zu empfinden. »Jetzt weiß
ich, wie es ist, ein Mann zu sein. Also wirklich ein richtiger
Mann.« So formulierte es ein Teilnehmer eines Ahnensemi-
nars nach einer inneren Begegnung mit seinen männlichen
Vorfahren. Oder eine Frau: »Die Kräfte wirken. Ich brauche

jetzt gar nicht mehr so viel zu reden. Die Arbeit hier hat die Kräfte angestoßen, und jetzt wirken sie durch mich hindurch. Die Kraft meiner Ahnen fließt in mein Leben. Das spüre ich sogar körperlich. Ich bin so kraftvoll wie wahrscheinlich noch nie.« Ein anderer Teilnehmer meinte: »Ich war mit meiner Familie immer sehr zerstritten. Aber seit ich weiß, dass ich auch spirituelle Ahnen habe, bin ich mit dem ganzen Thema irgendwie versöhnt.«

Wieder andere zeigen sich vor allem erleichtert: »Ich habe so vieles getragen, was gar nicht zu mir gehört hat. Das alles durfte ich hier loslassen – und das Verrückteste ist, dass meine Vorfahren es gern zurückgenommen haben. Jetzt bin ich frei, mein Eigenes zu leben, und werde dabei sogar noch von ihnen unterstützt. So viele Lasten sind jetzt einfach nicht mehr da.«

Die Arbeit mit den Ahnen kann uns heute sehr viel geben. Nicht zuletzt das Verständnis dafür, dass jeder von uns Teil einer Kette ist, aus der er Kraft schöpfen kann. Erst das Wissen darum, wo wir herkommen, vermittelt uns Zugehörigkeit, stärkt unsere Identität und erzeugt ein Gefühl von Geborgenheit im Leben. Genau dies sind Qualitäten, die uns in unserer heutigen Zeit besonders guttun können.

Warum dieses Buch?

Manche Themen entwickeln sich auf gesellschaftlicher Ebene über längere Zeiträume hinweg sehr langsam im Hintergrund dessen, was den meisten bewusst ist. Das Leben nimmt seinen Lauf – und plötzlich begegnet uns ein Thema von vielen verschiedenen Seiten wie aus dem Nichts. So scheint es mir mit dem Ahnenthema zu sein. Lange Zeit war es allenfalls am Rande wichtig, und dann erschienen um die Jahrtausendwende Bücher, die sich auf eine ganz neue Weise mit dem Zweiten Weltkrieg als einschneidendem Erbe Deutschlands auseinandersetzten. Es ging Jahrzehnte nach dem Ende dieses Krieges nun darum, auch das Leid auf der Täterseite zu betrachten und anzuerkennen und vor allem zu sehen, dass es bis in die nächste und übernächste Generation hineinwirkte und bis heute wirkt. Von Kriegskindern und Kriegsenkeln sowie von transgenerationalen, also von Generation zu Generation sich wiederholenden Mustern war die Rede. Dadurch wurden viele Diskussionen angeregt, die zu neuen Erkenntnissen führten und heilsame Klärung bewirkten.

Die neue Offenheit für einen umfassenderen und gewissermaßen neutraleren Blick auf die Vergangenheit beflügelte auch das Interesse daran, die Wunden zu heilen, die wir Heutigen von früheren Generationen übernommen hatten. Genau dahin zielt auch meine Art der Ahnenarbeit, die ich seit etwa zwanzig Jahren praktiziere und für Interessierte anbiete. Der Schwerpunkt dabei ist die Aussöhnung mit den Vorfahren, die nur aus einer wertfreien Haltung heraus möglich ist. Von dieser Haltung ist auch dieses Buch getragen – und ich erlebe unsere Zeit als reif dafür. Keine Rückwärtsgewandtheit mehr, keine Beschuldigungen, aber auch keine Schuldgefühle, sondern eine möglichst objektive Betrachtung des Gewesenen mit einem offenen Herzen. Dazu gehört unbedingt auch Eigenverantwortlichkeit für das eigene Leben, das immer Spuren dessen in sich tragen wird, was den Vorfahren geschehen ist und wie diese gelebt und gehandelt haben.

Eine solche Wertfreiheit braucht natürlich Abstand, der bei solch großen Themen wie Krieg und Genozid frühestens nach ein, zwei oder sogar drei Generationen möglich ist. In den letzten Jahrzehnten hat sich das Bewusstsein der Menschen allgemein rasant weiterentwickelt, und so haben wir heute den nötigen Abstand, um uns die Geschehnisse von vor siebzig, achtzig Jahren mit einem veränderten Blick anzuschauen. Die Bücher von Sabine Bode oder Anne-Ev Ustorf zu den Kriegskindern und Kriegsenkeln, also zu den Auswirkungen der Kriegserlebnisse auf nachfolgende, teilweise gar nicht selbst beteiligte Generationen, haben uns bislang nicht beachtete Facetten der Spätfolgen von Grausamkeit, Vernichtungswahn, Hass und Verachtung deutlich vor Augen geführt. Dabei haben sie uns auch gezeigt, dass die Zeit eben nicht alle Wunden heilt, dass vom Wegschauen, vom Nichtfühlen eben nichts besser wird. Viele haben dadurch erkannt: Irgendwann muss jemand aus der Kette aussteigen, alte Muster durchbrechen und den Mut aufbringen, sich dem nicht bewusst Durchlebten, nicht Aufgearbeiteten zu stellen. Waren die früheren Generationen dazu nicht in der Lage, weil die Wunden zu tief saßen oder zu frisch waren und weil sie sich um den materiellen Wiederaufbau des Lebens kümmern mussten – heute sind wir in der Lage, das auch psychisch und energetisch zu bewältigen, was liegen geblieben ist.

Sehnsucht nach Halt und Verwurzelung

Eng damit verbunden ist die Sehnsucht sehr vieler Menschen heute nach einem Halt, eben nach Wurzeln, die sie sicher im Leben verankern. Diese gewisse Haltlosigkeit, die heute viele empfinden, hat aus meiner Sicht mindestens drei miteinander verwobene Ursachen: Natürlich ist sie ein folgerichtiger Ausdruck einer Gesellschaft, die von einer ungeheuren Schnelligkeit, Wandelbarkeit und einem regelrechten Flexibilitätszwang bestimmt ist. Zum anderen ist sie in sehr vielen Fällen eine Folge der Entwurzelung und tief gehenden Verunsicherung, die die Eltern- und Großelterngenerationen im Krieg, durch Vertreibung und Flucht, durch den Tod von Angehörigen, durch den Verlust von Land und Besitz, durch die Zerstörung der Heimatstädte und so weiter erlitten haben. Daraus resultierende Ängste haben sich unterschwellig an die nachfolgenden Generationen weitervermittelt, und ein Gefühl der Unsicherheit im Leben ist häufig die Folge.

Der dritte Grund für die moderne Entwurzelung liegt in meinen Augen schlicht und einfach darin, dass wir uns heute nur selten mit unseren Ahnen befassen und uns deshalb kaum noch der energetischen Kräfte im Zusammenhang mit unserem Ursprung bewusst sind. Die Ahnen sind für unsere moderne, aufgeklärte, zunehmend in virtuellen Welten befindliche Gesellschaft so gut wie kein Thema – dadurch aber verlieren wir die enorme Kraftquelle, die die Vorfahren für die jetzt Lebenden bereitstellen. Ein Bewusstsein für sie und geklärte Beziehungen zu ihnen schaffen Wurzeln. Diese Kraftquelle aber nutzt unsere Gesellschaft heute aus den vielfältigsten Gründen heraus nicht. Wieder sind das Gefühl des Entwurzeltseins und eine innere Leere die Folge.

Zugleich aber gibt es eine wachsende Zahl von Menschen, die sich dieses Mangels bewusst ist und der Sehnsucht nach diesen Wurzeln, die ein natürlicher Teil des Menschseins sind, aktiv nachgeht. An sie richtet sich dieses Buch. Es sind Menschen, die ganz und gar zu sich stehen wollen, stolz und im Bewusstsein ihrer Stärken und Schwächen. Menschen, die lernen wollen, auch mit unterschwelligen Stimmungen und Gefühlen konstruktiv umzugehen, um mit klarem Blick und kraftvollen Schritten ihrem Weg zu folgen.

Dieses Buch ist auch für Menschen, die vielleicht ähnlich wie ich früher und nur halb im Scherz sagen: »Ich bin hier auf dieser Erde nur notgelandet.« Da ich selbst das Gefühl, eigentlich gar nicht unbedingt hier in diesem Leben sein zu wollen, sehr gut kenne, wünsche ich mir von diesem Buch, dass es Ihnen hilft, Ihre Sehnsucht nach einem wirklichen Zuhause, nach echtem Angekommensein ein Stück zu erfüllen. Dass es den Wunsch, von hier, wo man irgendwie nicht hinzugehören scheint, wieder wegzukommen, nach und nach immer kleiner werden lässt. Ich habe es bei mir und bei sehr vielen meiner Klienten und Seminarteilnehmern erlebt, dass die Beschäftigung mit den Ahnen – insbesondere auf die hier vorgestellte schamanische und systemische Weise – mit der Zeit ein großes ehrliches Ja zum Leben entstehen lässt. Möge auch Ihr Ja zu Ihrem Leben auf der Erde immer stärker werden! Es ist stets auch ein Ja zu Ihnen selbst und zu Ihren

Ahnen, von denen Sie abstammen. Die Ahnen geben uns ganz konkret und biologisch Wurzeln. Aber sie tun es auch ideell, spirituell. Im Blick auf sie erkennen wir, wer wir sind.

Die tiefsten Wunden schließen

Dieses Buch richtet sich an Menschen auf dem persönlichen und spirituellen Entwicklungsweg. Die darin enthaltenen Anregungen und praktischen Möglichkeiten sind für sie und nicht zuletzt auch für Therapeuten großartige Werkzeuge. Insbesondere sind Menschen angesprochen, die bereits psychologisch-therapeutisch viel für sich gelöst und aufgearbeitet haben, aber merken, dass etwas Entscheidendes fehlt. Oft liegt genau das nämlich bei den Ahnen, bei einem unaufgelösten, nicht gesehenen, auf Entdeckung wartenden Stück Schicksal in der familiären Vergangenheit. Dort kommt man aber oftmals mit rein psychologisch orientierten Methoden nicht weiter. Deswegen beziehe ich zusätzlich die energetische Ebene ein, auf der das Bewusstsein den Fluss des Geschehens beeinflusst. Genau da kann angesetzt werden.

In diesem Zusammenhang möchte ich Ihnen das Beispiel eines Klienten erzählen: Ein Mann türkischer Herkunft, Ende fünfzig, kam zu mir in die Praxis, weil er sich vor allem innerlich leer fühlte. Obwohl er kürzlich begonnen hatte, Schlagzeug zu lernen, was ihm Freude bereitete, blieb diese unausgefüllte Leere in ihm. Er klagte, dass er keinerlei Wurzeln habe. Bald kamen wir auf seine Familiengeschichte zu sprechen, die sehr ungewöhnlich war. Es gab darin zwei

Großväter, die in jungen Jahren ihr Land verlassen und sich ein neues Leben in einem anderen Land aufgebaut hatten. So war sein Großvater väterlicherseits beispielsweise ein Tatar, der wegen des Einflusses der Sowjets auf der Krim zunächst nach Rumänien geflüchtet und dann in die Türkei ausgewandert ist. Ähnlich war es seinem Großvater mütterlicherseits ergangen, der aus Bosnien stammte, mit sechzehn Jahren sein Land verließ und jeden Kontakt zur Familie abbrach.

Mein Klient litt nun darunter, überhaupt keine Wurzeln zu spüren. Seit er mit siebzehn Jahren nach Deutschland gekommen war, fehlte »etwas« in seinem Leben. Es fehlte ihm an Tiefe. Es fehlte etwas, das nicht genau benannt werden konnte, da es nur fühlbar, sozusagen atmosphärisch war. Der Mann hatte die Verbundenheit zu seinen Vorfahren verloren und litt darunter.

Spontan sagte ich ihm, dass ich finde, er sei seinen Vorfahren dadurch sehr nahe, dass er es ebenso wie sie gemacht habe: Als junger Mensch war er in ein anderes Land gegangen und hatte dort neu angefangen. Dieser Gedanke gefiel ihm, und ich bat ihn, dieser Spur auf der Gefühlsebene zu folgen: Wie fühlte sich die Verbundenheit an, beispielsweise zu dem tatarischen Großvater, der wie er sein Land verlassen hatte? Er empfand für kurze Momente eine Art Versöhnlichkeit, dann aber stieg Wut in ihm auf. »Diese Wut kenne ich. Die begleitet mich schon mein Leben lang, aber ich schaffe es immer ganz gut, sie nicht nach oben kommen zu lassen«, sagte er. Wir gingen dem nach und fanden heraus, dass er diese Wut, die ihn in seiner Kindheit und Jugend oft in peinliche Situationen gebracht hatte, schon sein Leben lang zu unterdrücken versuchte.

Mir fiel eine weitere mögliche Parallele zu seinen Ahnen auf. »Ich kenne ja Ihren Großvater nicht. Aber ich stelle ihn mir so vor, ich meine, er ist ein Tatar! Da ist er doch sicher ein mutiger und kampfbereiter Mann, wenn es sein muss. Und nun musste dieser Kämpfer, dieser streitbare Mann, unfreiwillig sein Land verlassen. Da war doch sicher eine Menge Wut in ihm, und zwar eine zunächst gesunde Wut, ein echter Zorn. Diese Hilflosigkeit gegenüber der Unterdrückung und dass er seine Heimat zurücklassen musste, das musste ihn doch wütend werden lassen. Aber er konnte diesen Zorn nicht ausleben. Und so ist er in der Familie und damit schließlich auch in Ihnen stecken geblieben.«

Mein Klient konnte das sehr gut nachempfinden. Das Wissen um die Zusammenhänge erlaubte ihm, sich auf der Gefühlsebene zu entspannen. Er fühlte sich innerlich entlastet. Was in ihm geschah, war kein rein mentaler Prozess, sondern ein energetischer, eine völlige Umdeutung der Wut, die er sein Leben lang unterschwellig gespürt hatte. Jetzt wusste er sie zuzuordnen, und vor allem erkannte er, dass sie etwas Gesundes und Normales ist. Nur musste er lernen, sinnvoll damit umzugehen. Da war vielleicht das Schlagzeug, das ihn gerade so faszinierte, eine Möglichkeit. Ich schlug ihm vor, sich in den Jungen hineinzuversetzen, der damals in der Türkei bereits diese unterschwellige Wut gespürt hatte, und sie mit ihm zu fühlen. Und vielleicht wollten sie ihr beide am Schlagzeug Ausdruck geben.

Der Mann fühlte sich am Ende dieser ersten Sitzung bereits tiefer mit seinem Großvater verbunden – er hatte ja vieles ähnlich erlebt wie er, das Auswandern und eine Wut, mit der er nicht recht umgehen konnte. Und diese Verbundenheit, so sagte er, ließ die innere Leere auf eigentümliche Weise kleiner werden. Verbundenheit mit den Ahnen bringt immer auch Verbundenheit mit sich selbst und dem Leben. Was passierte, war letztlich nur, dass ich sein Bewusstsein auf die Wut-Energie des Großvaters gelenkt hatte. Er konnte sie spüren, verstehen und in sich wiederfinden. Das war bereits der Beginn einer größeren heilsamen Veränderung.

Wie kam ich zum Thema Ahnen?

»Wer hätten meine Ahnen sein können, wenn es kein schweres Schicksal gegeben hätte?« Diese Frage stellte ich mir irgendwann im Laufe meiner Beschäftigung mit meinen Vorfahren – und es begann sich vieles zu verändern. Meine eigene Familiengeschichte ist sehr vielschichtig und mit viel »schwerem Schicksal« behaftet – ein Begriff, zu dem ich noch ausführlich kommen werde. Das therapeutische Aufarbeiten dessen begann mich interessanterweise erst mit Anfang dreißig zu interessieren – dann aber gab es kein Halten mehr. Ich arbeitete meine eigene Geschichte auf, absolvierte mehrere therapeutisch ausgerichtete Ausbildungen und begann insbesondere mit dem Schamanischen, Erfahrungen mit Klienten und auf Seminaren zu sammeln. Dabei wurde mir immer deutlicher bewusst, dass sich viele Schwierigkeiten im Leben der Menschen nur lösen lassen, wenn man auch auf energetischer Ebene ansetzt, insbesondere durch Rituale.

Bei meiner Arbeit an mir selbst habe ich immer wieder feststellen müssen, dass hartnäckige Schwierigkeiten aus dem Familiensystem kamen. Um diese Dynamiken besser zu verstehen, habe ich mich intensiv mit der deutschen Geschichte beschäftigt, deren Weltkriege untrennbar mit der Lebensgeschichte meiner Eltern und deren Eltern verbunden sind. Vieles von dem, was mir in der Kindheit widerfuhr und bis ins Erwachsenenalter nachwirkte, konnte ich mir nun nach und nach erklären. Denn meine Eltern waren durch ihre Schicksale, durch traumatisierende Kriegserlebnisse sowie durch bereits aus dem Ersten Weltkrieg ebenfalls traumatisierte Eltern, die sie als Kinder wiederum erlebt hatten, untereinander und mir gegenüber so, wie sie eben waren. Eine lange Jahre dauernde Aussöhnung konnte beginnen, die vor allem in mir viel an Heilung bewirkte, aber auch auf meine Eltern und insbesondere auf meine Kinder einen positiven Einfluss nahm.

Als ich dann zusammen mit meiner Freundin Brigitte Witt-Dengler Seminare zu geben begann, ergab sich eine optimale Konstellation, die meine Ahnenarbeit bis heute sehr befruchtet. Brigitte war Familienaufstellerin, und ich nutzte damals schon das schamanische Reisen und Rituale. »Familienstellen & Schamanismus. Eine Begegnung«, so hieß unser Projekt. Die Teilnehmer brachten ihre Themen mit, die wir familiensystemisch aufstellten, und die Erkenntnisse und vor allem die gefühlten Erfahrungen daraus konnten sie dann in schamanischen Reisen integrieren und für ihr weiteres Leben nutzbar machen. Umgekehrt kamen oftmals erst durch das schamanische Reisen Themen an die Oberfläche, an die die Teilnehmer zuvor gar nicht gedacht hatten. Das Reisen hatte sie gewissermaßen aus dem Unterbewusstsein nach oben gespült. Wir konnten diese Belange dann aufstellen oder auch allein mithilfe einer schamanischen Reise in die gesunde Ordnung zurückbringen. Manchmal haben wir auch die Symbole, die in den Reisen auftauchten, aufgestellt.

Noch wichtiger waren aus meiner Sicht die Rituale, die wir im Zusammenhang mit dieser Arbeit entwickelten – letztlich auch wieder eine Verbindung aus dem Familienstellen nach Bert Hellinger, der mit dem »wissenden Feld« argumentiert, und dem Schamanischen, in dem die Heilung immer in einem Kraftfeld geschieht. Die Arbeit in und mit diesem Feld hat mich lange Zeit sehr beschäftigt und letztlich auch den Grundstein für das gelegt, was Sie hier in diesem Buch finden. Es ist nicht wichtig, ob Sie mit Begriffen wie Feld, Familienstellen oder schamanische Reise bereits vertraut sind oder nicht – alles, was Sie für eine kraftvolle Ahnenarbeit, so wie ich sie entwickelt habe, an Wissen benötigen, erfahren Sie detailliert im weiteren Verlauf dieses Buches.

Als schamanisch orientierte Therapeutin war mir immer klar, dass das heilsame Wirken an Energiefeldern – beispielsweise im Familiensystem Einzelner – Auswirkungen auf das Kollektiv haben muss. So wurde es mir bald zu einem Anliegen, Lösungen dafür zu finden, wie man über die persönliche

Therapie auch einen Wandel auf kollektiver Ebene gestalten kann. Und auch hier wurden Rituale immer stärker meine Antwort auf diese Herausforderung. Als mir deren Kraft klarer geworden war und ich bereits seit einigen Jahren Ahnenseminare mit dem Schwerpunkt auf Ritualarbeit abgehalten hatte, fiel mir das Buch »Die Heilung kommt von außerhalb« von Daan van Kampenhout in die Hände, das dieses Thema ebenfalls behandelte. Bei Daan lernte ich dann 2003 seine Art der schamanischen Heilarbeit, absolvierte 2013 die Ausbildung zum Facilitator für Systemic Ritual® und bin ihm für viele Inspirationen sehr dankbar.

So bewegte sich das Thema Ahnen in mir immer weiter und weiter. Nachdem ich jetzt seit etwa zwanzig Jahren »mein Ahnenseminar« halte und stetig weiterentwickle, wurde es Zeit, die dort verwendeten Werkzeuge einem breiteren Publikum vorzustellen. Auf dieses Buch, das Sie jetzt in den Händen halten, arbeite ich innerlich schon sehr lange hin. Daher bin ich sehr glücklich, dass es jetzt tatsächlich entstanden ist. Das Thema ist wirklich ganz und gar »mein Thema« geworden. Es steckt einfach so viel Potenzial zur Aussöhnung und Heilung darin!

Es ist mir auch deshalb so wichtig, weil ich gern all die Menschen gewürdigt wissen möchte, die nicht anders handeln konnten, als sie gehandelt haben. Eventuell fehlte ihnen die Achtung oder die innere Weite, die Bewusstheit darüber, dass sie eine Wahl und Entscheidungsfreiheit über ihr Tun und Lassen haben. Oder es gab die unterschiedlichsten anderen Umstände und Gründe, durch die sie Leid hervorbrachten. Das Leben anderer mit Abstand, Mitgefühl und Wertschätzung zu betrachten kann alles, wirklich alles wandeln. Unter schwierigen Umständen kann es ein längerer innerer Weg bis dahin sein, doch den können wir heute alle gehen. Die Zeit ist reif.

Wenn der Begriff »Ahnen« fällt, taucht für viele in der Vorstellung unwillkürlich sofort ein riesiges düsteres Schattenreich auf. Ich möchte Ihnen eine lichtvolle, kraftvolle und versöhnliche Welt neben diesem Schattenreich aufzeigen, die ebenfalls mit dem Begriff der Ahnen verbunden ist. Dabei lernen Sie auch spirituelle Ahnen kennen, die Ihnen aus der geistig-energetischen Ebene jederzeit Kraft, Halt und Zugehörigkeit geben. Auch diese spirituellen Ahnen werden Sie dabei unterstützen, sich das wohlwollende, tatkräftige, ja liebevolle Potenzial Ihres biografischen Ahnenfeldes zu erschließen und für sich und damit immer auch Ihr Umfeld und die Welt heilwirksam nutzbar zu machen. Die Schritte dorthin sind: erkennen, anerkennen, erforschen, verändern (Genaueres zu diesem Vierklang finden Sie ab Seite 126). Diese Schritte können wir in den folgenden Kapiteln gemeinsam gehen.

Was sind Ahnen?

Beginnen wir zunächst mit der Definition des Begriffes »Ahnen«. Darunter werden im Allgemeinen alle Vorfahren zusammengefasst. Die Vorfahren eines einzelnen Menschen, aber auch die von »uns Menschen«. Gleich hier zu Beginn möchte ich den Begriff aber differenzierter beschreiben und biologische Ahnen, gesichtslose Ahnen und spirituelle Ahnen unterscheiden.

Biologische Ahnen

Dies sind die Vorfahren aus dem biologischen System, also die biografischen Ahnen eines Menschen. Immer setzen sie sich aus zwei Linien zusammen: der väterlichen und der mütterlichen. Selbst wenn die Begegnung zwischen dem Vater und der Mutter eines Menschen nur den Zeugungsakt gedauert haben sollte, beide sich nachher nie wieder gesehen haben und das entstandene Kind den Vater ebenfalls nie kennenlernte, so ist er doch blutsverwandt mit ihm und sein biologischer Ahne. Ebenso sind die Eltern dieses Mannes, seine Großeltern und so weiter für immer mit dem Kind verbunden, selbst wenn sie nie von ihm erfahren würden.

Ihre eigenen biologischen Ahnen können Sie sich als ein großes Feld von Menschen vorstellen: Sie stehen an Ihrem Platz, hinter Ihnen rechts der Vater, links die Mutter. Dahinter deren Eltern, wobei Mutter und Vater wieder jeweils ihre Mutter und ihren Vater hinter sich haben, und so weiter. Dazu kommen noch all die Geschwister dieser Menschen. So entsteht ein mehr oder weniger dichtes Feld von Menschen. Sie alle sind Ihre «Blutsahnen», Ihr Blut trägt Anteile von deren Blut.

Von diesen biologischen Ahnen werden Sie einige kennen. Sie werden persönlich mit ihnen zu tun gehabt haben, denn sie bilden natürlich Ihre Herkunftsfamilie. Andere, ältere kennen Sie möglicherweise noch von Fotos oder aus den Erzählungen Ihrer Eltern, Tanten, Onkel oder Großeltern. Dazu kommen viele, die Sie nicht kennengelernt haben, entweder weil sie sehr früh gestorben sind oder aus einer zu weit zurückreichenden Generation stammen. An dieser Stelle vermischen sich die biologischen mit den von mir so genannten gesichtslosen Ahnen.

Gesichtslose Ahnen

Diesen Begriff verwende ich, wenn die biografische Ahnenreihe so unüberschaubar geworden ist, dass man die Einzelnen nicht mehr kennt. Wir kennen in der Regel die Eltern und die Großeltern. Bei den Urgroßeltern wird es für viele schon schwieriger, denn die kennen wir oft nicht mehr persönlich. Auch gab es früher nur selten Fotos, um ihnen Gesichter zuzuordnen.

Ab der Generation der Urgroßeltern spreche ich daher gern von den gesichtslosen Ahnen. Das erleichtert auch die Arbeit mit dem System der Familie, denn für so weit zurückliegende Zeiten nützt es oft nichts mehr, genau zuzuordnen, wer für ein Thema, ein Muster oder ein sich durch die Generationen ziehendes Schicksal verantwortlich ist.

Auch sind die Stammbäume, je weiter wir zurückgehen, umso verzweigter: Da gibt es Tanten, Onkel, Großtanten, frühere und spätere Partner – man weiß dann nicht mehr so genau, wer angeheiratet oder tatsächlich blutsverwandt ist und wer eigentlich die Eltern von jemandem waren. Mit dem Begriff »gesichtslos« wird dann deutlich: Ja, es sind meine Ahnen, aber ich kann ihnen kein Gesicht geben.

Es ist mir sehr wichtig, immer wieder darauf hinzuweisen, dass es sehr viele Ahnen sind, die zu einem Menschen gehören. Ich hatte dieses Bild der Vorfahren, die alle hinter Ihnen stehen, ja schon angedeutet. In Ritualen – wie Sie sie noch detailliert kennenlernen werden – legen wir diese Vorfahren gern als Steine oder Teelichter aus. Jeder Stein ist dann ein Stellvertreter für einen Menschen (oder später auch eine Generation von Vorfahren). Rechnen Sie dabei mal zusammen: zwei Steine für die Eltern, vier für die Großeltern, damit sind es sechs. Die Urgroßeltern sind auf der mütterlichen und auf der väterlichen Seite jeweils vier, zusammen acht – dann haben wir bereits vierzehn. Gehen wir so weiter, sind es mit den Ururgroßeltern dreißig, mit deren Eltern 62, und nehmen wir die sechste Generation noch hinzu, sind es bereits 126, mit der siebten 254. So viele Menschen! Sie alle gehören direkt zu Ihnen, in jedem Fall, wie auch immer Ihr Leben und Ihre Verwandtschaftsverhältnisse aussehen mögen. Dazu kommen noch deren Geschwister und vielleicht auch frühere oder spätere Partner … Ein ungeheures Potenzial an Talenten, Charakterzügen, Ideen und Lebenserfahrungen! Mögen sie für Sie ein Gesicht haben oder nicht – es ist das Potenzial, das Sie in Ihrem Leben unterstützt. Und es kann noch viel mehr für Sie tun, wenn Sie es sich bewusst erschließen.

Spirituelle Ahnen

Diese dritte Kategorie von Ahnen besteht aus Menschen, die nicht verwandt mit uns sind. Es sind Wesen aus der geistigen Welt, die wir auf irgendeine Weise als zu uns gehörig empfinden. Wesen, die in Träumen, Ahnungen oder schamanischen Reisen zu uns kommen. Wesenheiten, die immer und unter allen Umständen hilfreich und unterstützend für uns da sind.

Hat sich jemand zum Beispiel viel mit Indianern beschäftigt, Bücher über sie gelesen und ihre Kultur auf Reisen nach Amerika kennenzulernen versucht, dann fühlt er sich vermutlich von ihnen angezogen. Fokussiert er sich dann auf einen spirituellen Ahnen, kann es gut sein, dass ein Indianer auftaucht. Für andere ist es möglicherweise jemand aus einer buddhistischen Kultur, ein Mönch des Christentums oder ein indischer Sadhu, ein sogenannter heiliger Mann. Es können berühmte historische Persönlichkeiten sein, vielleicht Franz von Assisi oder auch Karl der Große.

Auch unbewusste, innere Verbindungen zu einer bestimmten Kultur können einen solchen Ahnen auf den Plan rufen. Es sind geistige Begleiter, so wie sich Menschen auch gern von Krafttieren, geistigen Lehrern oder Engeln unterstützen lassen. Ägyptische Götter, mongolische Schamanen, der Archetyp der Mutter, die Große Mutter oder Urmutter … alles ist möglich.

Auch wenn in einer Familie viel von einem Land, zum Beispiel Polen, gesprochen wird, kann bei der Suche nach einem spirituellen Ahnen ein Mensch aus diesem Land auftauchen.

Man könnte dann allerdings auch an einen biografischen Ahnen denken. Ich lasse die Menschen in solchen Fällen nachspüren, was sich am besten anfühlt. Ist es ein Verwandter oder ein rein spiritueller Ahne, der jetzt seine Unterstützung anbietet? Letztlich ist es gar nicht so wichtig, aber die innere Klarheit ist dennoch hilfreich.

Immer wesentlich beim Auftauchen eines spirituellen Ahnen ist eine rasch spürbare emotionale Verbundenheit. Man fühlt sich mit ihm wohl und geborgen, fühlt sich zu ihm hingezogen, von ihm beraten und unterstützt.

Ihr spirituelles Erbe

Dass Sie dieses Buch lesen, dass Sie sich mit Ihren Ahnen beschäftigen und möglicherweise für Aussöhnung und Heilung sorgen wollen, zeigt, dass Sie ein wacher Mensch sind, dass Sie Lösungsmöglichkeiten für Herausforderungen suchen, vielleicht sogar, dass Sie Ihr Leben als eine Chance zur stetigen Weiterentwicklung ansehen. Es könnte dabei sehr gut sein, dass es in Ihren Ahnenlinien bereits Vorfahren gab, die Ihnen darin ähnlich waren, die die Dinge hinterfragten und aus alten, verkrusteten Mustern immer wieder ausbrachen oder es versuchten. Ein Ahne ist ganz bestimmt da, der diese Kraft an Sie weitergegeben hat. Vielleicht vermuten Sie, wer es sein könnte, vielleicht aber machen Sie im Ihnen bekannten Verwandtschaftsbereich niemanden aus, auf den dies passen könnte. Doch es muss da jemanden geben, denn Sie haben das Potenzial des Suchens in sich. Der Lebensfluss

Ihres Familiensystems enthält es bereits, hat es bis zu Ihnen getragen, und Sie haben es – anders vielleicht als einige Verwandte – auch wirklich aus diesem Fluss gefischt und angenommen.

Möglicherweise geht die Verbindung sehr viel weiter zurück, bis zu einer spirituell lebenden Person, einem Mönch, einer Heilerin oder Hebamme aus einem sehr viel früheren Jahrhundert und vielleicht auch aus einer anderen Kultur. Auch dieser Vorfahre kann Ihr spiritueller Ahne sein.

Ich möchte Sie jetzt auf eine Fantasiereise einladen, auf der Sie Ihren spirituellen Ahnen kennenlernen, der Sie bei Ihrer Arbeit mit Ihren Ahnen und diesem Buch unterstützen wird. Vielleicht ist es derjenige, der Ihnen die Kraft des Weitersuchens und der spirituellen Ausrichtung vererbt hat. Möglicherweise kann es sich auch um einen rein spirituellen, geistigen Ahnen handeln, der biologisch und biografisch nichts mit Ihnen zu tun hat.

Einen spirituellen Ahnen kennenlernen

Möglicherweise empfinden Sie die Beschäftigung mit den Ahnen als herausfordernd oder schwierig. Doch im Verlaufe der Kapitel, der Übungen, Fantasiereisen und Rituale, wird sich die anfangs vielleicht ab und zu spürbare Schwere nach und nach auflösen. Dies gelingt umso besser und verläuft umso angenehmer, wenn Sie von Anfang an wissen und fühlen können, dass Sie unterstützt sind.

Deswegen möchte ich Sie anregen – wie ich es auch mit meinen Seminarteilnehmern gleich zu Beginn unseres Workshops mache –, sich mit einem spirituellen Ahnen zu verbinden. Haben Sie dieses Wesen einmal wahrgenommen, vielleicht visuell oder per Gefühl, dann haben Sie einen ersten Geschmack davon bekommen, was es heißt, die Kraft der Ahnen wohlwollend und stärkend zu spüren. Das gibt Ihnen das Vertrauen und die Energie, auf diesem Weg weiterzugehen. Sie haben dann auf jeden Fall schon einmal ein wenig spüren können, wie kraftvoll das ist. Um dieses Wesen kennenzulernen, eignet sich wie gesagt sehr gut eine Fantasiereise.

Ein paar Vorbemerkungen zu den Fantasiereisen

Wer mit inneren Reisen und speziell geführten Fantasiereisen nicht vertraut ist, könnte versucht sein, sie in ihrer Wirkkraft zu unterschätzen. Sie klingen immer sanft und freundlich, weich und lieblich. Daher können ihre Inhalte und Bilder tief ins Innenleben vordringen, bis hinein in die unbewussten Schichten. Genau dort lösen die positiven Bilder und Begegnungen den Wandel aus, der dann das alltägliche Erleben nachhaltig verändert. Das Fühlen, das innere Erleben, die Einstellung zu den Dingen – all das erfährt eine heilsame Veränderung.

Bei dieser und bei den weiteren Fantasiereisen in diesem Buch erlaube ich mir, Sie zu duzen. Diese Reisen sind dafür da, intensiv miterlebt zu werden – und dies geht erfahrungsgemäß leichter, wenn eine weniger distanzierende Anrede genutzt wird. Für das Buch insgesamt bin ich dennoch – genau wie in meiner Praxis mit den Klienten – beim Sie geblieben.

Wenn Sie mit inneren Vorstellungen, Visualisierungen oder schamanischen Reisen ein wenig vertraut sind, können Sie diese Fantasiereise nach dem Durchlesen ganz leicht selbstständig unternehmen. Fallen Ihnen solche Ausflüge in die inneren Welten etwas schwerer, haben Sie die Möglichkeit, sich den Wortlaut der Reise entweder von einer Person Ihres Vertrauens vorlesen zu lassen, oder Sie sprechen ihn ganz langsam auf ein Aufnahmegerät wie beispielsweise Ihr Handy und spielen ihn sich dann zum Miterleben vor.

Fantasiereise
Einen spirituellen Ahnen kennenlernen

Nimm dir etwas Zeit und such dir einen Platz, an dem du ungestört bist und dich wohlfühlst.

Mach es dir auf einem Sofa oder in einem Sessel bequem und spüre, wie sich dein Rücken anlehnt, sodass du einen guten Halt hast. Geh mit deiner Aufmerksamkeit langsam Stück für Stück durch deinen Körper und lass alles in dir mehr und mehr zur Ruhe kommen. Langsam vertrauen sich deine Füße der Unterlage an. Und du wanderst weiter nach oben, sodass auch deine

Beine sich zunehmend mehr dem Boden hingeben. Du wendest dich deinen Händen zu, die du bequem abgelegt hast, und spürst, wie sich auch deine Arme locker zu beiden Seiten deines Körpers fallen lassen können. Du bemerkst, wie dein Bauch ganz weich dem Atem folgt – beim Einatmen wölbt er sich nach vorn, beim Ausatmen zieht er sich wieder etwas zusammen.

Mit deiner Aufmerksamkeit atmest du alles aus, was dich hindert, in den nächsten Minuten ganz bei dir zu sein, sodass du allmählich mehr und mehr zur Ruhe kommst. Du atmest tief und ruhig, um ganz bei dir und in der Entspannung anzukommen. Du kannst dabei in die Tiefe deines Bauchraumes hineinspüren und Atemzug für Atemzug mehr zu dir selbst kommen. Tief in dir machen sich Ruhe und Zuversicht breit, wenn du nun auch deinen Kopf in die Unterlage oder an die Lehne sinken lässt. Dein Gesicht ist entspannt, deine Augen sind geschlossen, und mit Erleichterung überlässt du dich nun ganz dem inneren Sehen.

Du schaust innerlich an dir herunter und stellst fest, dass du auf dichtem grünem Gras stehst. Eine Wiese ist da, und vielleicht kannst du sogar ihren Duft wahrnehmen.

Wenn du den Blick hebst, wirst du in einiger Entfernung einen kleinen Fluss sehen, du hörst möglicherweise sein Murmeln oder Rauschen und machst dich auf den Weg zu seinem Ufer. Dort angekommen, schaust du dir alles genau an, das Wasser, die Blumen und Pflanzen an seinem Rand, die Steine. Und vielleicht siehst du ja auch etwas im Fluss, das sich auf der Wasseroberfläche bewegt oder nur durch die Wellen hindurchschimmert. Dein Blick folgt weich dem Wasser, und du freust dich am Glitzern seiner Oberfläche.

Am Ufer entlang führt ein Weg flussaufwärts. Mühelos folgst du diesem Weg und schaust dabei dem Fließen des Wassers zu. Deine Füße tragen dich durch die lichte Landschaft. So, wie der Fluss leise plätschernd seinem Weg folgt, folgst du deinem eigenen, du bist im Einvernehmen mit dir und deiner Umgebung.

Beim Gehen merkst du, dass es etwas bergauf geht, bis du schließlich in einem kleinen Wäldchen angekommen bist. Du riechst den köstlichen Duft des Waldes, das würzige Moos und die harzigen Tannen. Vögel sind zu hören, und du bist ganz in Frieden mit dir, geborgen in der Schönheit und echten Natur dieses Waldes. Deine Füße wandern über den weichen Waldboden – und du weißt mit einem Mal, dass du einer Verabredung entgegengehst, einem Treffen mit deinem spirituellen Ahnen. Mit einer Wesenheit, die immer und unter allen Umständen für dich da ist, beratend, stärkend, liebevoll. Es ist ein Ahne, vielleicht aus deiner Biografie, vielleicht aus grauer Vorzeit, möglicherweise aus einem völlig anderen Kulturkreis.

Von Weitem siehst du eine schmale hölzerne Brücke über den Fluss. Sie zieht dich wie magisch an, denn etwas in dir weiß ganz genau, dass es dir bestimmt ist, jetzt über diese Brücke zu gehen. Du möchtest deinen spirituellen Ahnen treffen – und auf dieser anderen Seite des Flusses ist sein Zuhause. Dieses Wesen, ob Mann oder Frau, gehört zu dir und deinem Leben, sei es nun, weil es besondere Kräfte hat und außergewöhnlich weise ist oder auch einen wichtigen Teil deiner Herkunft verkörpert.

An der Brücke angekommen, merkst du, dass sich das Geländer warm und fest anfühlt. Und so setzt du einen Fuß vor den anderen auf die Brücke, aber du kannst das andere Ende nicht sehen, denn der Nebel versperrt dir die Sicht. Du hältst dich am Geländer fest und gehst weiter, spürst die frische Feuchtigkeit auf deiner Haut. Nun kannst du kaum noch etwas sehen, aber in dir trägst du die Gewissheit, dass dein Ahne, deine Ahnin genau jetzt auf dich wartet. Du wirst diese lichte, weise Kraft, die dir Halt und Sicherheit gibt, in wenigen Momenten auf der anderen Seite der Brücke treffen.

Tastend bewegen sich deine Füße weiter – und plötzlich lichtet sich der Nebel, es wird klarer, und sachte gehst du voran. Es scheint, als wärst du angekommen, denn da vorn blickt dir jemand offen und freundlich entgegen. Der Dunst verzieht sich, es wird immer heller. Direkt vor dir steht das spirituelle Wesen, vielleicht nur ganz hauchfein im restlichen Dunst auszumachen, vielleicht auf besondere Weise ätherisch oder auch deutlich und klar. Du gehst näher und schaust dir dieses Wesen an. Vielleicht staunst du, wie besonders es ist, so liebevoll und gütig. Sanft nähert ihr euch einander an. Es könnte sich anfühlen wie ein Wiedersehen nach langer, langer Zeit. Es könnte die tiefe Freude einer berührenden Begegnung auslösen, wie die Liebe auf den ersten Blick. Ein Ankommen im Miteinander.

(Kleine Pause)

Ihr habt euch gefunden. Du spürst, dass dein spiritueller Ahne, deine spirituelle Ahnin hilfreich und mit großer Liebe und Herzensgüte für dich da ist. Und immer für dich da sein wird. Auch wenn du ihn nicht genau siehst, weißt du doch, dass er tatsächlich für dich da ist und zu dir gehört. Es könnte sein, dass du viel Gemeinsames spürst und dich sehr geborgen fühlst. Oder du nimmst die Zeichen einer anderen Kultur wahr, Eigenschaften, die dich schon immer interessiert haben. Alles, was vorstellbar ist, ist möglich. Bleib ganz im Moment und schau dir dein Gegenüber an. Spüre seine liebevolle Gegenwart. Nimm die Qualität wahr, um die dieses irgendwie fremde und doch so vertraute Wesen deine Welt bereichert.

Vielleicht willst du auch etwas fragen oder um eine erste Botschaft bitten. Lausche auf die Antwort, die nicht nur über Worte, sondern auch über aufsteigende Gefühle oder innere Bilder zu dir kommen kann.

Eines vor allem kannst du wissen: Jetzt, da ihr euch gefunden habt, könnt ihr euch jederzeit wiedertreffen.

(Kleine Pause)

Für den Augenblick wird es Zeit, sich zu verabschieden. Finde einen Weg, Auf Wiedersehen zu sagen, und begib dich langsam wieder zurück zur Brücke. Dort spürst du wieder das Geländer und den Holzboden unter deinen Füßen. Im Weitergehen ist dir, als würden sich hinter dir die Tore zwischen den Welten wieder schließen. Doch du weißt: Dein spiritueller Ahne ist für dich da, immer. Wann immer du möchtest, kannst du von nun an in Kontakt mit ihm treten.

Du befindest dich rasch wieder im Wald, du machst dich beglückt und heiter auf den Rückweg, gehst einfach immer flussabwärts. Der Fluss flüstert das Lied des Wassers, und der Duft von Sonne und Wind erfüllt dich. Deine Füße tragen dich weiter, hinaus aus dem Wald, den Fluss hinab, dorthin, wo deine Reise begann.

So kommst du allmählich wieder auf der grünen Wiese an, spürst erneut das Gras unter deinen Füßen und zugleich die immerwährende Verbindung mit deinem spirituellen Ahnen im Herzen.

Du lässt die inneren Bilder sich auflösen und atmest dich langsam wieder zurück in dein Alltagsbewusstsein. In deinem Herzen spürst du sie noch, die Berührtheit, die Liebe und die Herzensgüte, und dabei wirst du dir deines Atems bewusst, atmest ganz tief ein und wieder aus, dehnst und streckst deine Glieder und tust alles Nötige, um wieder gut auf deinem Platz, auf dem du sitzt oder liegst, anzukommen.

Dein Körper erwacht wieder in seiner natürlichen Spannung, und dein Herz ist um eine Liebe größer geworden.

Wenn du möchtest, kannst du dir jetzt einige Notizen von der Reise machen oder auch etwas aufmalen, was du gesehen, erlebt oder erhalten hast.

Rückverbindung in die Zeitlosigkeit

Aus der Erfahrung mit meinen Seminarteilnehmern weiß ich, wie unermesslich kraftvoll die Begegnung mit dem spirituellen Ahnen sein kann. Viele beschreiben es als ein Angekommensein und sprechen von einer übergroßen Liebe, die sie dabei spüren. Einer Liebe, die ihnen bedingungslos entgegengebracht wird. Sie fühlen sich gesehen und in dem gewürdigt, was sie sind.

Ein spiritueller Ahne ist eine geistige Kraft, ein geistiges Wesen und damit die reine Kraft dessen, was einem Menschen möglich ist. Er vereint in sich gewissermaßen alles Gute, was ein Mensch ausstrahlen kann, ohne aber zugleich die Schattenseiten zu besitzen. Keine schwere Geschichte, keine unaufgearbeiteten Traumata, deren Energie in die Begegnung hineinwirkt – stattdessen reine Kraft und Güte. Und mit diesen Qualitäten ist er für uns da, gehört unmittelbar zu uns und schenkt uns seine Wertschätzung, sein Wohlwollen und seine Unterstützung. Wir können uns fallen lassen und wissen, dass unser Sosein bejaht wird. Kein Wunder also, dass diese Begegnung so enorm stärkend wirkt.

Sie können sich mit seiner Kraft stets wieder neu verbinden. Wann immer Sie möchten, können Sie sich ein wenig zurückziehen und diesen Ahnen bitten, bei Ihnen zu sein. Dann können Sie sich an ihn anlehnen, ihm etwas erzählen oder seinen Geschichten lauschen. Außerdem kann es sehr erhellend sein, ihm Fragen zu stellen oder ihn um Botschaften zu bestimmten Themen zu bitten. Lassen Sie Ihren spirituellen Ahnen zu Ihrem kraftvollen Begleiter durch die praktischen Anregungen aus diesem Buch werden.

Übung: Ein materielles Kraftsymbol

◉ Um sich noch tiefer und im Alltag auch unkomplizierter mit Ihrem spirituellen Ahnen zu verbinden, können Sie seine Urkraft mit einem Symbol verknüpfen, das Ihnen tatsächlich in materieller Form vorliegt.

- Verbinden Sie sich in einem ruhigen Moment mit Ihrem spirituellen Ahnen und fragen Sie ihn, welcher Gegenstand für seine Kraft stehen könnte.

- Achten Sie jetzt darauf, was Ihnen in den Sinn kommt. Vielleicht erscheint ein Bild vor Ihrem inneren Auge oder Sie hören ein Wort oder riechen etwas Bestimmtes.

- Machen Sie sich jetzt auf den Weg, diesen Gegenstand zu besorgen. Begeben Sie sich auf einen Spaziergang, um einen Stein zu finden. Vielleicht haben Sie aber Ihr Symbolobjekt oder das Material, aus dem Sie es herstellen können, bereits in Ihrer Wohnung.

- Wenn Sie den Gegenstand haben, verbinden Sie sich erneut mit Ihrem spirituellen Ahnen und bitten Sie ihn, seine Kraft in ihn einfließen zu lassen. Das geht ganz einfach, indem Sie das Objekt in Ihren Händen halten und sich vorstellen, wie die Kraft in es hineinströmt.

- Von jetzt an wird Ihnen dieser Gegenstand helfen, wann immer Sie es möchten, rasch mit Ihrem spirituellen Ahnen verbunden zu sein. So kann dieses Objekt Sie durch die Phase Ihrer Ahnenarbeit unterstützend begleiten.

Ähnlich sinnvoll kann es übrigens sein, sich einen Ort in der Wohnung zu wählen, der für eine gewisse Zeit der Ahnenarbeit vorbehalten ist. Ein Kraftplatz, vielleicht mit einem kleinen Altar bestückt, an dem Sie dieses Buch lesen, die inneren Reisen unternehmen, nachdenken und meditieren. Sie können dort Bilder verstorbener Verwandter aufstellen, Kerzen und Gegenstände, die Ihnen lieb und teuer sind. Er wird sich nach und nach mit immer mehr positiver Energie aufladen und Ihr System auf die Heilung und Aussöhnung, die Sie anstreben, immer wieder neu einschwingen.

Warum sind die Ahnen für uns heute wichtig?

In einer Gesellschaft, die sich kaum mit den Ahnen als einer Wirkkraft beschäftigt, ist es wichtig, die Bedeutung der Vorfahren zu hinterfragen und neu für sich zu definieren. Dadurch erkennt man deren Wert und Sinn und die eigene Wirkkraft, die sich aus der Herkunft ergibt. Fakt ist: Alle früheren und der Großteil der heutigen Kulturen haben sich mit ihren Ahnen, ihren Toten und Vorfahren, intensiv auseinandergesetzt und über Rituale und andere Formen des Zelebrierens einen wie auch immer gearteten Kontakt mit ihnen gepflegt. Immer wurde davon ausgegangen, dass die Ahnen eine Kraft darstellen, die ganz maßgeblich auch auf die aktuell lebenden Menschen einwirkt. Eine Kraft, die stärkt, unterstützt und mit Weisheit Rat gebend begleitet.

Es gibt auf der einen Seite viele Kulte, mit denen man dafür Sorge trug, dass die Verstorbenen auch wirklich gut in den jenseitigen Gefilden ankamen – nicht zuletzt, damit sie die Lebenden nicht durch Geisteraktivitäten stören. Unzählige andere Kulte und Riten hingegen dienten der Verehrung und Wertschätzung der Vorfahren, von denen man Rat und Unterstützung erhielt. Dies umso mehr, weil sie ja jetzt nicht nur den Überblick über die irdische Welt, sondern auch über das Jenseitige hatten. All diesen Vorstellungen ist gemeinsam, dass man davon ausgeht, dass die Ahnen an irgendeinem Platz im Universum weiterleben und von dort aus Einfluss auf die Geschicke der Menschen nehmen.

Aus dieser Sichtweise betrachtet und ebenso aus dem schamanischen Weltbild hergeleitet, ist es naheliegend, dass auch wir heutigen Menschen diesem Einfluss der Ahnen unterliegen. Auf der psychologischen Ebene ist das für uns heute sicher am leichtesten nachvollziehbar: Glaubenssätze, Prägungen und Verhaltensmuster können sich durch eine lange Kette von Generationen erhalten – und so wirken unsere Ahnen tatsächlich auf das ein, was wir tagtäglich denken, tun und erleben. Ein aufgeräumtes und geklärtes Verhältnis zu den Vorfahren kann also nur hilfreich sein.

Das Ahnenfeld als Kraft im Rücken

Ich möchte Ihnen in diesem Buch viele praktische Möglichkeiten aufzeigen, in Ihrem Ahnenfeld »aufzuräumen« und übernommene Muster, die Sie heute einschränken, aufzulösen. Dabei bleibe ich nicht bei der psychologischen Betrachtung. Zu oft sind mir Menschen begegnet, die auf dieser Ebene bereits sehr viel an sich gearbeitet hatten, aber dennoch die wesentlichen Hürden nicht hatten nehmen können. Grundsätzliche Beeinträchtigungen konnten nicht gelöst werden, weswegen diese Menschen dann auch eine Praxis wie die meine aufgesucht hatten, in der neben der Psychologie auch der Schamanismus mit seinem umfassenderen Weltbild zum Tragen kommt. Dort spielen energetische Kräfte, systemische Zusammenhänge und nicht zuletzt die Existenz mehrerer paralleler Wirklichkeiten eine Rolle. Eine dieser Wirklichkeiten ist das Feld der Ahnen, mit dem wir uns hier intensiv befassen. Die Vision für diesen Weg ist ein Leben, das aus der vollen Kraft der Ahnen, die hinter uns stehen und uns den Rücken stärken, gelebt wird. Die Kraft eines befreiten Ahnenfeldes bereichert das Leben.

Nicht zuletzt schenkt uns die Aussöhnung mit unseren Ahnen eine tiefe Verwurzelung im Leben, die sich im Alltag, in Beziehungen, im Beruf, eigentlich überall zeigen kann. Denken Sie noch einmal an das eingangs beschriebene Bild des kraftvollen Baumes: Erst seine starken Wurzeln geben ihm die Kraft, einen stabilen Stamm auszubilden und sich mit seinen Ästen und seiner Krone weit hinauf in den Himmel zu recken. Erst seine Wurzeln geben ihm die Möglichkeit, zu genau dem Baum zu werden, der in ihm angelegt ist.

Für uns Menschen ist es vor allem das wohltuende Gefühl, um die eigene Herkunft zu wissen und mit ihr nicht hadern zu müssen. Wenn beim Rückblick auf die Vergangenheit nichts mehr versteckt, beschönigt oder beschimpft werden muss, wird ganz natürlich der Weg nach vorn breiter und kann mit viel mehr Energie beschritten werden: mit einem Gefühl, von den Vorfahren getragen zu sein und auf dieser Basis zu sich selbst und seinem eigenen Weg vollkommen stehen zu können. Wir werden vollständig, wenn auch die Vergangenheit und unsere Herkunft in allen Facetten zu uns gehören dürfen. Eine Seminarteilnehmerin, die lange darunter gelitten hatte, dass die Männer in ihrer Familie über Generationen hinweg nicht wirklich anwesend waren – einige waren früh durch Unfälle oder Krankheiten gestorben, andere in den Weltkriegen geblieben, weitere hatten ihre Familien verlassen –, diese Frau sagte am Ende des Seminars den für mich sehr eindrücklichen Satz: »Jetzt stehe ich endlich auf zwei Beinen.«

Wurzeln im Christlichen

Natürlich haben wir auch in unserer abendländischen Kultur eine lange Tradition des Umgangs mit den Ahnen. Vorchristliche und dann teilweise auch christliche Kulte bezogen die Vorfahren als Kräfte mit ein, die weiterhin zum Leben gehören. Viel aber ist uns davon nicht geblieben. Wir kennen beispielsweise die Totengedenktage, Allerseelen und Allerheiligen, die an manchen Orten tatsächlich Feste der Begegnung zwischen Lebenden und Ahnen darstellen.

Ich habe sehr viel darüber nachgedacht, warum wir in unserer christlich geprägten Kultur so entwurzelt sind, warum wir beinahe gänzlich ohne Ahnenkontakt leben. Andere Völker – denken wir nur an die Aborigines in Australien oder die Urbevölkerung von Nord-, Mittel- oder Südamerika – kennen eine Vielzahl an Kulten und Ritualen, die sie mit ihren Vorfahren verbindet. Diese Kulturen sind zugleich stark mit der Natur verwoben, was im Christentum fehlt. Die Verwurzelung über die Verstorbenen ist bei diesen Völkern stark mit der Verwurzelung in ihrem Land, ihrer Landschaft, auf der Erde verknüpft. Sich der Herkunft zu versichern hat einen großen Stellenwert und gibt sehr viel Kraft im Leben. Diese Herkunft wird auch in Mythen immer wieder erzählt und in Ritualen bildhaft dargestellt. Die Abstammung geht dann nicht selten auf ein Tier oder ein anderes natürliches Wesen zurück. Es verschmelzen somit die Ahnenlinien der Menschen mit der Herkunft aus der Natur. Die aktuell Lebenden fühlen sich so mit einem dichten Gewebe von menschlichen und nicht menschlichen Vorfahren, Vätern und Müttern, Großvätern und Großmüttern verbunden und über dieses Netz im Leben geborgen.

Ganz anders hingegen in der römisch-katholischen Kirche, der unsere Kultur noch immer stark prägenden monotheistischen Religion. Hier herrschte über Jahrhunderte die Auffassung vom Fegefeuer vor. Jeder Gläubige fürchtete, dass er nach seinem Tod dorthin kommt, damit seine Seele geläutert wird. Jeder wusste auch, dass seine Vorfahren in dieses Fegefeuer kamen und dass er deshalb für seine Toten beten muss, um deren Aufenthalt an diesem unfreundlichen Ort zu verkürzen. Wenn wir nun aber in der Vorstellung leben, dass unsere Vorfahren im Fegefeuer leiden könnten, wenn wir das Gefühl haben, etwas für sie tun zu müssen, stehen sie uns erst einmal nicht als Kraft zur Verfügung.

Während die Menschen in Kulturen mit einer stark an der Natur orientierten Religion wissen, dass sich ihre verstorbenen Verwandten wieder ganz mit Himmel und Erde, mit Totemtieren und der Natur allgemein verbunden haben, kön-

42

nen sie von dieser Ebene Kraft erbitten. Sie können wissen, dass auch sie aus diesen Ebenen kamen und dorthin zurückkehren werden. Sie können sich freien Herzens mit ihren Vorfahren verbinden und das Leben im großen Zyklus von Kommen und Gehen feiern.

Moderne persönliche Ahnenpflege

Im privaten Bereich werden die eigenen Vorfahren von einigen Menschen sehr bewusst gepflegt. Sicherlich entspringt dies einem ganz natürlichen Bedürfnis. Viele Menschen heute haben Fotos oder ererbte Gegenstände von ihren Vorfahren in der Wohnung oder sogar an einem Platz, der wie ein Altar wirkt. Das sind private Ausprägungen des Kontakts mit den Vorfahren. Über diese Bilder oder Objekte versichern sich die Menschen ihrer persönlichen Wurzeln.

Auch der Segen ist uns noch vertraut, den die Vorfahren den Nachkommen geben und um den im Gebet gebittet werden kann. Doch auch das ist eher in den Bereich der kollektiven Erinnerung gesunken, als dass es noch aktiv gelebt würde. Ein Segen setzt voraus, dass sich der Segnende seiner Kraft bewusst ist und dass der den Segen Empfangende diese Kraft ebenfalls wahrnimmt und anerkennt. Eine Kultur, die sich die Achtung vor dem Alter erst langsam wieder erarbeitet, ist zu einer solchen Einstellung nur schwer in der Lage. Doch in manchen Familien ist diese Tradition glücklicherweise noch lebendig.

Viele meiner Klienten erleben zudem eine Großmutter oder auch einen Großvater als sehr unterstützend und haben eine innige, herzliche Beziehung zu ihnen. Manche haben diese Person nie kennengelernt, aber sie fühlen sich von ihr aus der jenseitigen Welt beschützt und behütet. Sie träumen von ihr und wenden sich mit Sorgen und Nöten an sie.

Und noch eine Form nahm die Beziehung zu unseren Ahnen an: In den letzten Jahren ist die Popularität von Medien gewachsen. Menschen also, die für andere den Kontakt zu Verstorbenen herstellen. Ob im kleinen privaten Rahmen oder bei riesigen Massenveranstaltungen, meist entspinnen sich bei diesen Channelings ergreifende Gespräche zwischen den Lebenden und denen in der geistigen Welt, und es gibt viel Verzeihen und Verstehen. Wie auch immer man dazu stehen mag – natürlich ist zuallererst die Qualität und Authentizität des Mediums entscheidend: Sicherlich basiert diese moderne Form des Ahnenkontakts auf der großen, in unserer Kultur ansonsten kaum stillbaren Sehnsucht, mit den verstorbenen Angehörigen weiterhin verbunden zu sein und von ihnen Unterstützung zu erhalten. Es ist einer der möglichen Wege, sich der Liebe und des Wohlwollens seiner Ahnen zu versichern.

Insgesamt wird dennoch zu Recht vielerorts beklagt, dass uns eine echte tiefe Verwurzelung abhandengekommen ist. Immer mehr Menschen leben ohne spürbare Verbindungen zu ihren Vorfahren. In eher ländlichen und insbesondere katholisch geprägten Gegenden werden noch immer Rituale zur Verehrung der Vorfahren gepflegt und Messen für sie gelesen. Aber dies spielt in der Gesellschaft kaum mehr eine Rolle. Dort ist jeder stark auf sich gestellt, der ausgeprägte Individualismus unserer Zeit erlegt es jedem von uns auf, weitestgehend mit den persönlichen Ressourcen aus Körper und Verstand alle anfallenden Probleme im Leben zu lösen und klarzukommen. Eine Einbindung in ein größeres Ganzes, zu der ganz natürlich auch die eigenen Wurzeln gehören, ist heute nicht mehr selbstverständlich.

Kurzum: In unserer Moderne haben wir keine tragfähigen Modelle mehr, mit unseren Ahnen in Kontakt zu sein. Eine kraftspendende Tradition steht uns nicht mehr zur Verfügung. Umso wichtiger ist es, dass wir uns neue Wege erschließen, um uns mit der Kraft und Lebensstärke der Vorfahren zu verbinden und uns unserer Wurzeln bewusst zu werden. Der hier dargestellte Weg ist dabei keiner, bei dem mühsam im alten »Müll« gewühlt wird, es wird nicht ein Stein des Schicksals nach dem anderen umgedreht und untersucht. Stattdessen wird von einer höheren Perspektive aus geschaut: auf das energetische Feld der Ahnen, im schamanischen Sinne auf die dort wirkenden Kräfte. Auf dieser übergeordneten Ebene kann das Schwere auch mithilfe von inneren Reisen, Meditationen und Ritualen gelöst und befreit werden. Wirkungsvoll und alltagstauglich – eben wie es unsere heutige Zeit erfordert.

Unser Bild der Ahnen

In unserer vielschichtigen, pluralistischen und individualisti-
schen Gesellschaft gibt es naturgemäß auch die unterschiedlichsten Sichtweisen auf die Vorfahren. Dennoch lässt sich
eine Tendenz ausmachen, wie sie nicht nur mir in meiner
therapeutischen Praxis begegnet. Es ist ein Bild der Ahnen,
das aus zwei miteinander verbundenen Richtungen häufig
eher dunkel und trüb gefärbt ist.

Das Erbe der Weltkriege

Insbesondere in Deutschland lässt sich kaum auf frühere
Generationen blicken, ohne sofort die beiden verheerenden
Weltkriege mit vor Augen zu haben. In so gut wie jeder Familie haben Kriegserfahrungen, Tote und Verletzte, Kriegs-
schuld, vergewaltigte Frauen, Flucht und Vertreibung, Verlust von Angehörigen und Besitz oder Land tiefe Spuren
hinterlassen. Die spüren auch die Generationen direkt oder
unterschwellig, die mit den Ereignissen bis 1945 gar nichts
zu tun haben konnten, weil sie damals noch nicht auf der
Welt waren. Selbst die Generation der sogenannten Kriegsenkel tragen an dieser Last, obwohl sie selbst erst Jahre oder
gar Jahrzehnte nach Kriegsende geboren wurden. Befasst man
sich näher mit Familien als Systemen und mit den psychologischen Zusammenhängen der frühkindlichen Prägung, ist
dies nur selbstverständlich. Trotzdem musste es Jahrzehnte
dauern, bis die Gesellschaft – insbesondere dank der bereits

erwähnten Autorinnen Sabine Bode und Ann-Ev Ustorf als Vorreiterinnen – diese Zusammenhänge klar erkennen und öffentlich aussprechen konnte. Die enorme Schuld, die insbesondere auf »den Deutschen« lastete und teilweise noch immer zu lasten scheint, machte es unmöglich, auch einen Blick auf das Leiden der Deutschen selbst zu werfen. Umso wichtiger ist es, dass dies jetzt seit einigen Jahren geschehen kann, damit die alten Wunden aufseiten aller Beteiligten endlich wirklich heilen können.

Immer wieder heißt es, oft aufseiten der Deutschen als damaligen Verursachern von Krieg und Vernichtung: Wir dürfen nicht vergessen! Und natürlich ist es wichtig, ja unumgänglich, aus der Vergangenheit zu lernen und eben nicht zu vergessen, was geschehen ist. Zugleich hat diese Art des Umgangs mit dieser Zeit häufig dazu geführt, dass die Menschen wegen des »Nicht-vergessen-Dürfens« in Schrecken, Starre und Ohnmacht stecken blieben. Dass sie sich in Schuldgefühlen – oft stellvertretend – verfingen und nicht zur eigenen Kraft finden konnten. Heute beginnen wir zu akzeptieren: In einem Krieg sind alle Menschen aus den beteiligten Völkern Opfer. Einige von ihnen sind zugleich Täter, aber auch sie und ihre Angehörigen haben enorm zu leiden. Denn in einem Krieg gibt es keine Gewinner. Sich mit dieser gewissermaßen wertneutralen Haltung mit der Vergangenheit des eigenen Landes und der eigenen Familie auseinanderzusetzen, ist ein tief aufrüttelnder und teilweise schmerzhafter Prozess. An seinem Ende aber können Heilung und Versöhnung stehen. Die Vergangenheit kann dann zugunsten von Gegenwart und

Zukunft losgelassen werden. Das hat nichts mit Vergessen zu tun. Wer tatsächlich mit Herz und Verstand durch einen solchen Prozess gegangen ist, wird ganz sicher kein Interesse an einem weiteren Krieg mehr aufbringen können.

Für viele Menschen ist es nach wie vor so, dass ihnen bei dem Begriff »Ahnen« Bilder vor allem des Zweiten Weltkrieges vor das innere Auge treten. Verbunden mit einem Gefühlsmix aus Scham, Schuld, Schmerz, Trauer und Wut entsteht dann folgerichtig schnell eine Abwehrhaltung. Das Thema wird nicht weiter beachtet, und vor allem werden die Ahnen nicht als Kraftquelle angesehen, die das eigene Leben bereichern könnten. So nachvollziehbar dies ist, ist es doch zum Glück zugleich so, dass wir heute Möglichkeiten haben, uns auch der dunklen Schwere dieser Art von Ahnenbild zu stellen und Licht hineinzubringen. Genau dabei helfen Bücher wie das vorliegende sowie Seminare und Beratungsangebote von darin ausgebildeten Menschen mit unterschiedlichen weltanschaulichen Hintergründen.

Wie stark in Deutschland die Vergangenheit auf den Menschen lastet, bemerke ich natürlich bei den Ahnenseminaren mit deutschen Teilnehmern. Wenn ich das gleiche Seminar in der Schweiz halte, ist es von Anfang an sehr viel leichter in der Stimmung und in der Energie, und die aufkommenden Themen stammen sehr viel häufiger aus dem privaten Bereich. Deutsche Teilnehmer hingegen kommen fast immer mit Themen, die im Zusammenhang mit dem Zweiten und meist auch noch Ersten Weltkrieg stehen, beziehungsweise finden wir die Ursachen für aktuelle Schwierigkeiten oder

Muster in diesen Kriegen. Als würden sie das befürchten, scheuen viele Menschen vor einem Seminar wie diesem zurück. Umso größer aber ist der Gewinn für diejenigen, die sich diesem Komplex stellen. Sie erleben während dieser zwei Tage einen umfassenden Wandel ihres Bildes von den Ahnen und der Geschichte. Aussöhnung und Heilung finden Raum. Denn heute, siebzig Jahre nach Kriegsende, haben wir den nötigen Abstand, um mitfühlend zu betrachten, was unseren Vorfahren geschehen ist und was sie zu verantworten haben. Wir können auf energetischer Ebene ordnen, lösen und verändern. Das ermöglicht uns nicht zuletzt die Verwirklichung unseres eigenen Potenzials.

Nicht unerwähnt lassen möchte ich auch die Tatsache, dass die Beschäftigung mit den Ahnen bis heute bei manchen Assoziationen an den Nationalsozialismus weckt, der sich stark über Begriffe wie «Rasse», »Blut« oder auch »Ahnenkult« definierte. So möchten viele verständlicherweise damit nichts zu tun haben. Andererseits sollten wir die Chance nicht verpassen, einmal missbrauchte Begriffe wieder zu neutralisieren und uns ihrer eigentlichen Bedeutung neu bewusst zu werden.

Persönliche Traumata und anerzogene Muster

Sehr viele Menschen suchen und finden die Ursachen für ihre Schwierigkeiten und Konflikte im Erwachsenenleben in Prägungen, die ihnen ihre Eltern und eventuell auch Großeltern während der Kindheit mitgegeben haben. Das hängt mit der Individualisierung und Psychologisierung unserer Zeit zusammen. Natürlich beeinflusst uns all das, was wir in den ersten Lebensjahren, noch gänzlich unbewusst, von unserem Umfeld erfahren oder auch ganz direkt gesagt und vorgelebt bekommen haben. Und ganz sicher wird jeder von uns etwas finden, was die Bezugspersonen der Kindheit nicht perfekt oder ideal oder wenigstens gut gemacht haben. Wer dabei stehen bleibt, sieht im Blick zurück auf seine Ahnen eher Schweres und Dunkles. Und manche Schicksale, die mit Vernachlässigung, Missbrauch und Gewalt in der Kindheit verbunden sind, lassen diesen Blick zunächst ganz natürlicherweise so sein.

Um zur eigenen Kraft zu finden, darf man an dieser Stelle aber nicht anhalten, so schwer es manchmal auch scheinen mag, an Versöhnung und an Heilung zu denken. Es gibt heute zahllose mehr oder weniger therapeutische Möglichkeiten, alte Verletzungen zu heilen und hinderliche Prägungen aufzulösen. Dennoch machen viele Menschen ihre Vorfahren und deren Verhalten für ihre Schwierigkeiten verantwortlich. Wichtig ist, sich diese Einflüsse bewusst zu machen und auch durch Phasen der Trauer, Wut und Abgrenzung hindurchzugehen. Am Ende wird jedem klar, dass er selbst in die Verantwortung für seine persönlichen Geschicke wechseln muss, wenn sein Leben gelingen soll. Das verändert (und bedingt gleichzeitig) den Blick auf die Eltern und weitere Vorfahren. Er wird differenzierter und wertneutraler. Das Bild der Ahnen färbt sich freundlicher. Und wenn die, die vor uns waren, hell und leuchtend sind, ist es viel einfacher, dieses Helle und Leuchtende auch in uns selbst zu erkennen und weiterzuentfalten.

Mir geht es in meiner Form der Ahnenarbeit ganz zentral auch darum, die Eltern und unmittelbaren Bezugspersonen der Menschen zu entlasten. So viele Schwierigkeiten haben ihre Ursache in Ereignissen aus viel früheren Zeiten, als uns das bewusst ist. Gewalttätige Eltern beispielsweise sind natürlich für ihr Handeln verantwortlich. Schaut man sich aber deren Kindheit und die Lebensumstände ihrer Eltern, Großeltern, Urgroßeltern an, dann findet man immer etwas, was als schweres Schicksal bezeichnet wird. All diese Menschen hatten schwer zu tragen und zu leiden und haben diese Schwere, das Gefühl der Ausweglosigkeit, die Gewalt, einfach an die nächste Generation weitergegeben – ausführlich im Buch »Das Drama des begabten Kindes« von Alice Miller beschrieben. Es ist nicht nur nicht hilfreich, sondern meist einfach auch nicht richtig, einzig den Eltern die Schuld an etwas zu geben, was in der eigenen Kindheit schmerzhaft war und der eigenen Entwicklung geschadet hat. Jeder von uns ist Teil einer langen Kette. Sich dies bewusst zu machen und Möglichkeiten zu finden, am Ureigenen etwas heilsam zu verändern, was unweigerlich auch auf die anderen abfärben wird – das ist der ideale Weg. In diesem Sinne arbeiten wir nun auch in diesem Buch weiter daran, die dunklen Flecken der Ahnenwelt zu beleuchten und zu erhellen.

Hin zu Verständnis und Aussöhnung

Wie auch immer Sie im Moment Ihre Ahnen sehen, es ist möglich, zu einem Bild zu finden, das durchgängig wertschätzend und tragend ist. Dies geschieht nicht dadurch, dass Sie etwas am Geschehenen zu verändern versuchen – die Vergangenheit ist, wie sie ist. Darauf können Sie keinen Einfluss mehr nehmen. Worum es aber gehen kann, ist die Klärung in der Gegenwart. Das heißt: Sie nehmen ganz bewusst Ihren Platz im System Ihrer Familie ein, blicken auf das Gewesene und ordnen auf der energetischen Ebene die Fäden. Diese Ebene ist zeitlos, sie wirkt so, wie die Muster unserer Vorfahren in uns weiterwirken. Auf genau dieser Ebene können wir ansetzen, um Gegenwart und Zukunft zu verändern.

Den Blickwinkel ändern

Auf dieser zeitlosen Energieebene greifen wir also dort ein, wo es zu Verstrickungen und ungünstigen Knoten in den Energiefäden – um bei diesem Bild zu bleiben – gekommen ist. Auf der zeitlichen Ebene hingegen, auf der die realen Biografien unserer Vorfahren stattfanden, können wir nichts verändern. Leid ist geschehen, Freude ist geschehen, Kriege sind passiert, und Frieden wurde geschlossen.

Auf dieser Ebene allerdings können wir unseren Blick auf die Dinge verändern. Es ist ein wenig so, als würden wir in einem Theater sitzen und dabei zusehen, wie unsere Vorfahren auf der Bühne agieren. Wir sind aber nicht nur Zuschauer, sondern können uns auch aktiv in die damaligen Akteure einfühlen. Bei der systemischen Familientherapie, wie sie Bert Hellinger kreierte und wie sie heute vereinfacht als Familienstellen bekannt ist, würden wir selbst zu den Akteuren werden und gemeinsam mit anderen »Stellvertretern« bestimmte Szenen des Lebens unserer Vorfahren nachspielen. Dabei erleben wir hautnah nach, wie es den Einzelnen in diesen Situationen damals ging – ein stark kathartischer Prozess. Und wir können sogar in die Handlungen eingreifen und Worte, Taten oder einfach innere Haltungen so verändern, dass sie stimmig werden.

Um den Blick auf das Gewesene zu verändern, kann es aber auch sehr hilfreich sein, zum Beleuchter in diesem Theater zu werden. Dann drehen wir die Scheinwerfer vielleicht einmal von den auffälligen Personen im Zentrum der Bühne weg und lassen scheinbare Nebenfiguren an den Rändern deutlicher hervortreten. Wir merken, wie stark sie die zentralen Akteure beeinflussen, wir sehen, wo vielleicht die wahren Gründe für deren Verhalten liegen. Mit unseren Scheinwerfern – unserer gerichteten Aufmerksamkeit – haben wir die Möglichkeit, das gesamte Bild und all seine Details aus den unterschiedlichsten Blickwinkeln anzuschauen. So wird unser Bild immer klarer und entspricht immer stärker der Realität, in der alle Menschen den unterschiedlichsten Einflüssen von innen und außen ausgesetzt sind. Und vielleicht kommen wir sogar dazu, zu erkennen, dass alle Beteiligten in jeder Situation das Beste getan haben, was ihnen möglich war.

53

Menschen wie du und ich

Beginnen wir zunächst ganz einfach. Wir alle sind in eine Familie hineingeboren und hineingewachsen, in der es ein bestimmtes emotionales Grundklima gab und weiterhin gibt. Als kleine Kinder sind wir davon ausgegangen, dass die Welt so ist, wie wir sie im Elternhaus und bei unseren Verwandten erlebten. Als wir älter wurden, merkten wir bei gewissen Punkten, dass es auch ganz anders sein kann. Unser Vater war vielleicht immer zu Scherzen aufgelegt und ein Mann, der eine heitere Atmosphäre erzeugte; wir dachten: So sind Väter. Aber bei unserer Schulfreundin begegneten wir einem sehr ernsten Vater und einer irgendwie niedergedrückten Stimmung in der Familie. Wir erlebten die Eltern vielleicht sehr fürsorglich, während der Nachbarjunge sehr oft allein draußen auf dem Spielplatz war und irgendwie verloren wirkte. Wir durften nur streng zugeteilt Süßigkeiten essen, bei einem Schulkameraden zu Hause aber lagen Schokolade und Kekse jederzeit für alle zugänglich in der Küche. Später unternahmen wir vielleicht erste Fernreisen, nach Asien möglicherweise oder Mittelamerika – und wieder erlebten wir, dass unsere Welt nur eine von vielen möglichen ist, und es fielen uns zahllose Details unseres eigenen Lebensraums zum ersten Mal bewusst auf.

Wir nehmen also im Laufe unserer Lebensjahre immer mehr Feinheiten und Differenzen in den Lebensweisen der Menschen wahr. Dieser Lernprozess, diese innere Weitung, kann ein Leben lang andauern. Alle Details werden uns

dennoch niemals bewusst sein. Auch nicht die unseres ver-
wandtschaftlichen Umfelds. Was in einer Familie wirkt, ist
ein unglaublich fein gewobenes Netz aus Grundgedanken,
Glaubenssätzen, bewussten und unterschwelligen Emotionen,
Verhaltensmustern, Regeln, Geschichten, gemeinsamen Er-
lebnissen und so weiter. Die Dinge, die uns aus diesem Feld
bewusst sind, formen genau das Bild, das wir momentan von
unseren Vorfahren und Ahnen haben.

Wenn wir unsere Scheinwerfer nun neu auf dieses Gebiet
ausrichten, beginnen wir eine sehr interessante Entdeckungs-
reise. Wir bringen mehr Licht auf die Bühne und leuchten in
alle Ecken. Wir entwickeln das, was man auch als die »zweite
Aufmerksamkeit« beschreibt. Wir fühlen uns in das »Dahinter« ein und entdecken nach und nach Unterströmungen –
Dinge, die unterhalb der Oberfläche, unausgesprochen und
häufig unbewusst, bestehen. Es ist das sogenannte Atmosphä-
rische, das oft sehr viel stärker wirkt als das, was offen gedacht,
gesagt und getan wird. Wir erinnern uns dann vielleicht an
die Besuche bei den Großeltern oder anderen Verwandten,
bei denen über den Krieg gesprochen wurde. Erst jetzt fällt
uns auf, dass es immer lustige Geschichten waren – alltägliche Erfahrungen, bei denen die aus den Fugen geratene Zeit
Situationskomik hervorbrachte. Ich habe einige Menschen
getroffen, die von ihren Großeltern vor allem solche Erzählungen kannten und sich – da sie ja damit aufgewachsen waren – das Schmerzhafte und Schreckliche dahinter erst viel
später durch eigenes Nachdenken erschlossen hatten. Mit
der zweiten Aufmerksamkeit (die sich im Übrigen nicht nur

auf Erzählungen, sondern auch auf die Erinnerungen an Erzählungen erstrecken kann) kommen wir dem Gesamtbild näher. Wir gehen tiefer hinein, zugleich aber halten wir uns persönlich heraus. Wir sind wie Forscher, voller Mitgefühl, aber nicht verstrickt, da wir ausreichend Abstand haben. Wir gehen nicht in dem unter, was wir da entdecken und was häufig sehr schmerzhaft ist, weshalb es die Akteure ja auch unter den lustigen Geschichten verborgen hatten. Wir möchten frei werden von überlieferten, uns einschränkenden Bildern und Vorurteilen. Wir möchten auch die unterschwelligen Gefühle freilegen und zu dem wirklichen Bild vordringen, denn nicht Ausgesprochenes, Verdrängtes und Geheimgehaltenes führen zu genau dem, womit wir jetzt abschließen möchten: zu Verwirrungen und Verstrickungen, die den freien Fluss der Energien behindern.

Was ich in der Überschrift dieses Abschnitts etwas simpel mit »Menschen wie du und ich« andeuten wollte, ist, dass für die Ahnen das Gleiche gilt wie für alle Menschen, Sie und mich eingeschlossen: Wir haben unsere Prägungen, die uns selbst oftmals am meisten nerven oder stören. Uns widerfahren gute und schlechte Dinge, und wir versuchen, das Beste aus unserem Leben zu machen. Das ist menschlich, es gilt für unsere Ahnen ebenso wie für uns heute. Die wichtigen Fragen sind für mich immer: Was wirkt von Früherem noch nach? Und wie lässt sich – auf eine heilsame Weise – damit umgehen?

Was wirkt, das sind die feineren Schwingungen, die erwähnten Unterströmungen, und genau die können wir beeinflussen, wie Sie im Folgenden noch ausführlich und vielfältig sehen werden. Zunächst aber muss es natürlich darum gehen, diese feineren Energien zu bemerken. Wir müssen richtiggehend zu Detektiven werden, zu Forschern in der eigenen Familiengeschichte und der Geschichte der Welt, in der wir leben. Gespräche mit noch lebenden älteren Verwandten sind dafür ein hervorragendes Mittel.

Die Kunst des Fragens – und des Zuhörens

Viele fühlen sich etwas befangen darin, mit ihren Eltern oder Großeltern oder auch Tanten oder Großonkeln über die Vergangenheit zu sprechen. Kriegserfahrungen, aber auch andere schwere Zeiten, von denen sie wissen oder zumindest ahnen, machen es ihnen unbehaglich. Sie wollen nicht in diesen Wunden bohren und keine schlafenden Hunde wecken. Zugleich merken wohl alle mit zunehmendem Alter, wie wichtig es ist, über die wesentlichen Erfahrungen des Lebens miteinander ins Gespräch zu kommen. Eine Generation nach der anderen rückt an die Stelle der Ältesten, die keinen wiederum Älteren mehr »über sich« haben. Niemanden mehr, mit denen sie über die fernere Vergangenheit ins Gespräch kommen könnten. Es lohnt sich also, die Befangenheit abzulegen und aufeinander zuzugehen.

Aus meiner Erfahrung ist vor allem eine freundliche Atmosphäre die Basis für ein gutes Gespräch. Kein Nachbohren, keine Vorwürfe für politische Haltungen oder private Einstellungen. Stattdessen einfach eine interessierte Haltung, Teilnahme an dem Sosein und der Geschichte des anderen. Wenn Sie Ihr Gegenüber spüren lassen, dass Sie an seinem Leben, an seinen Erfahrungen interessiert sind, dann öffnet sich dieser Mensch sehr viel leichter. Gerade sehr alte Menschen sind oftmals sogar froh, diese Anteilnahme zu erleben. Auch sie wissen, dass dies nicht mehr ewig lang möglich sein wird.

Wenn Sie mit Ihrer Ahnenarbeit beginnen, wollen Sie natürlich alle Geheimnisse wissen und mit viel Mut vor allem die schwierigen und bislang ausgeklammerten Erfahrungen untersuchen. Dennoch ist es nicht nötig und meist auch nicht Erfolg versprechend, direkt und hartnäckig danach zu fragen. Einen lebendigen Eindruck von der Vergangenheit eines anderen und von den besagten Unterströmungen bekommt man häufig viel leichter, wenn es um freudige, lebendige Erfahrungen und Erinnerungen geht. So könnten Sie zum Beispiel vorschlagen, gemeinsam mit Ihrem Verwandten alte Fotos anzuschauen. Beide versinken Sie dann in den Bildern, auf denen Sie als die jüngere Person sicherlich einige Menschen kennen und viele andere nicht kennen werden. Ihr Gesprächspartner taucht ganz in seine Vergangenheit ein, und Sie können ungezwungen das fragen, was Sie wissen möchten, wenn Sie sich in das reale damalige Leben des anderen und Ihrer Verwandtschaft allgemein hineinversetzen. Zum Beispiel könnten Sie das Gespräch mit Fragen wie diesen lebendig halten:

◉ »Ich kenne X immer nur so ernst. Was hat ihm Freude gemacht? Hier auf dem Bild scheint er zumindest zu lachen.«

- »Y habe ich nur ganz kurz kennengelernt, da war sie schon sehr krank. Wie war sie als junge Frau? Hat sie wie du die Natur geliebt und war viel im Garten?«

- »Was hast du eigentlich in meinem Alter gern gemacht? Und als du noch jünger warst, was hast du mit deinen Freundinnen unternommen? Wart ihr auch abends unterwegs? Was hast du dabei am liebsten angezogen?«

- »Auf diesem Foto hier bist du noch so jung! Und du hast tolle Stiefel an, die wären auch heute total begehrt. Hast du die dir selbst gekauft? Hattest du in dem Alter schon eigenes Geld?«

- »Meine Schwester und ich, wir sind beide so musikalisch, unsere Eltern aber eigentlich gar nicht. Weißt du, von wem wir das haben?«

- »Glaubst du, dass manche Gefühle immer gleich bleiben? Meinst du, es war für dich, als du deinen Mann kennengelernt hast, genauso schön und aufregend wie für mich, als ich meinen Freund kennengelernt habe? Wie war das damals für dich?«

Solche Fragen, offen, neugierig und interessiert gestellt, können Türöffner sein. Wenn Sie den anderen dann einfach erzählen lassen und gut zuhören, werden Sie Lebendiges erfahren und zudem zwischen den Worten viele Grundstimmungen mitbekommen. Vielleicht kennen Sie einige der Geschichten, die erzählt werden, sogar schon. Da Sie aber jetzt die zweite

Aufmerksamkeit zuschalten, nehmen Sie die feineren Ebenen des Erzählten vielleicht zum ersten Mal, auf jeden Fall aber klarer wahr. Aus meiner Erfahrung wird jedes Gespräch auf diese Weise tiefgründiger und erfüllender für beide Seiten. Sie fühlen sich in den anderen ein, dessen Geschichte auch ein Teil der Ihren ist.

Oft passiert es dann ganz unwillkürlich, dass man die großen Potenziale der Familie erkennt und schätzen lernt. Ich hatte vorhin das Beispiel erwähnt, dass über den Krieg immer nur die lustigen Begebenheiten erzählt wurden. Das könnte man Verdrängung nennen, man könnte aber auch sagen: »Wie kraftvoll! In meiner Familie hat man sich bei allem Leid den Humor bewahren können. Das ist ein Potenzial, das ich auch in mir erkenne. Es ist gut, das zu wissen und nutzen zu können.«

Vielfältige Wege ins Licht

Intensive Gespräche mit noch lebenden Vorfahren, das Kramen in den eigenen Erinnerungen an Geschichten und Erzählungen, aber auch das Erstellen eines Stammbaumes oder Genogramms (zu dem wir noch kommen werden), all das sind Möglichkeiten, tiefer in die vielfältigen Details der eigenen Familiengeschichte einzutauchen. Sie alle bringen Klärung und ein größeres Verständnis für die Menschen vor uns.

Für diejenigen, die eine solche Ahnenforschung nicht betreiben wollen, möchte ich betonen: Die Aussöhnungsarbeit, wie ich sie hier in diesem Buch vorstelle, funktioniert auch ohne genauere Detailforschungen. Da vor allem auf der energetischen Ebene angesetzt wird, ist es nicht nötig, allzu viel über die Vorfahren zu wissen oder in Erfahrung zu bringen. Sie können insbesondere die drei großen Rituale, die das Herzstück meiner Ahnenarbeit ausmachen und im Folgenden genau erklärt werden, unbedingt auch so durchführen und werden enorm davon profitieren können.

Allein schon das Lesen der Kapitel dieses Buches, da bin ich mir sicher, stößt einen tief greifenden Bewusstwerdungsprozess an. Daher empfehle ich Ihnen auch, bei aufkommenden Erinnerungen oder tiefen Gefühlen innezuhalten, dem nachzuspüren und einfach insgesamt gut für sich zu sorgen. Nicht von ungefähr habe ich Ihr Kennenlernen mit Ihrer spirituellen Ahnin beziehungsweise Ihrem spirituellen Ahnen ganz an den Anfang dieses Buches gestellt. Dieses geistige Wesen, dem Sie vertrauen und dem Sie sich anvertrauen können, kann Ihr Begleiter durch Ihren Prozess der Aussöhnung mit Ihren Ahnen sein. Nutzen Sie diese Möglichkeit. Umso leichter kann dieser großartige Prozess für Sie sein, wobei hier das Gegenteil von »leicht« nicht »schwer« oder »belastend« ist, aber »fordernd« oder »intensiv«. Da sind zusätzliche Kräfte als Begleiter sehr willkommen. Sie können sich beispielsweise vorstellen, wie Ihr spiritueller Ahne hinter Ihnen steht oder sitzt und Sie sich anlehnen. Er stützt und stärkt Sie, wenn Sie sich müde oder kraftvoll fühlen. Oder Sie blättern einmal mit ihm gemeinsam ein Album mit alten Fotos durch und lassen ihn aus seiner lichten, heilen Sphäre heraus erzählen, was er so alles sieht, wenn er die Bilder Ihrer Vorfahren anschaut.

Es gibt noch sehr viel mehr Hilfen, die Sie immer wieder in diesem Buch bemerken werden. Mir ist auf meinem Weg zu den Ahnen, den ich für mich, teilweise mit meinen Kindern und sehr intensiv mit Seminarteilnehmern und auch Klienten nun schon seit über zwanzig Jahren gehe, viel Berührendes und Schönes begegnet. Das möchte ich gern mit Ihnen teilen. Und dazu gehört auch ganz wesentlich die folgende Frage.

Die große, alles verändernde Frage

»Wer hätten meine Vorfahren sein können, wenn es kein schweres Schicksal gegeben hätte?« Mit dieser Frage beginnt tatsächlich ein Prozess des Verstehens und der Aussöhnung. Er führt zu einer tiefen Befriedung und dazu, das gesamte Potenzial des eigenen Wesens und das des Stammbaumes zur Verfügung zu haben. So kann die eigene Vision ins Leben gebracht werden.

Lassen Sie sich diese Frage einmal auf der Zunge zergehen. Lassen Sie sie in sich wirken und schauen Sie, was für Bilder dabei in Ihnen aufsteigen. Bilder Ihres Vaters oder Großvaters, Ihrer Mutter, Großmutter oder Urgroßmutter, so wie sie »gemeint« waren. Frei, in ihrer ganzen Kraft, ihr gesamtes Potenzial lebend, voller Selbstvertrauen und Freude am Dasein. Wenn es all das, was diese Menschen eingeschränkt, verängstigt, verletzt und gequält hat, was es auch gewesen sein mag – wenn es all das nicht gegeben hätte: Wer hätten sie dann sein können? Welche aufrechten, wundervollen, geradezu leuchtenden Menschen? Und wie hätten sie auf ihre Umgebung, auf ihre Mitmenschen und insbesondere auf ihre Kinder und Enkel eingewirkt?

Diese einfache Frage »Wer hätten meine Vorfahren sein können, wenn es kein schweres Schicksal gegeben hätte?« empfinde ich als ein großes Geschenk. Sie öffnet die Tür zu einem Bild unserer Vorfahren, das unbelastet und rein ist. Sie führt uns zum Wesenskern dieser Menschen und zu ihrer wahren Schönheit. Und es kann nicht anders sein, als dass dieser Wesenskern tatsächlich in diesen Vorfahren lebte oder noch lebt. Es liegt an uns, ihn zu entdecken und diese Menschen dafür zu schätzen und zu lieben.

Die Wünsche der Ahnen

Wenn wir uns so intensiv mit den Ahnen beschäftigen, liegt natürlich auch die Frage nahe, was sie eigentlich von uns wollen. In meinen Seminaren frage ich die Teilnehmer tatsächlich nicht nur danach, was sie selbst sich von der Veranstaltung erwarten und wünschen. Ich begleite sie, wenn es zu den Themen der Teilnehmer passt, auf eine innere Reise, auf der sie ihre Vorfahren fragen, was diese sich von ihnen wünschen. Das gibt oft noch einmal eine ganz andere Ausrichtung. Und schon jetzt erleben die Teilnehmer – meist mit einer Mischung aus frohem Staunen und Berührtheit –, dass ihre Vorfahren tatsächlich nur das Beste für sie im Sinn haben und zugleich oft weit über das hinausschauen, was den aktuell lebenden Menschen bewusst ist. Sie wünschen sich für uns, dass wir es leichter haben. Hier ein paar Beispiele für Antworten, die die Wünsche der Ahnen meiner Teilnehmer zeigen:

- »Genieße das Leben!«

- »Bitte, mach was aus deinem Leben. Krieg den Hintern hoch!«

- »Wir Männer haben es nicht gut gemacht, jetzt bist du einer der erwachsenen Männer unserer Familie: Mach es bitte besser!«

- »Ich habe viele Schulden gemacht, und meinem Vater und dessen Vater ging es nicht besser. Löse du diese Kette endlich auf, mach es gescheiter als wir.«

- »Wir wünschen uns, dass du wieder mehr Musik machst. Tue mehr das, was du wirklich liebst. Verpasse dein Leben nicht.«

Vielleicht haben auch Sie Lust, Ihre Ahnen nach ihren Wünschen zu fragen. Das können Sie in einer meditativen Stimmung jederzeit tun, aber gerade am Beginn des Prozesses der Beschäftigung und Aussöhnung mit den Ahnen kann es besonders erhellend sein. Sie erleben möglicherweise dabei bereits eine enorme Erweiterung Ihres Bildes von Ihren Vorfahren. Vielleicht werden Sie sich auch schon bestimmter Visionen oder Potenziale bewusst, die Sie im weiteren Leben umsetzen wollen. Dinge, von denen Sie spüren, dass Sie deswegen auf der Erde sind. Gerade die Ahnenarbeit im hier vorgestellten Sinne hält genau diese Schätze für die heute Lebenden bereit. Wir werden dazu noch ausführlich kommen und dabei zum Beispiel auch der Frage nachgehen, welche Potenziale in uns eigentlich aus unserer männlichen und welche aus unserer weiblichen Ahnenlinie stammen. Eine heute zunehmend wichtige, weil in ihrer Tiefe lange vernachlässigte Frage: Was macht wirkliche Männlichkeit und was echte Weiblichkeit aus – nicht in einem gesellschaftlich geprägten Sinne, der verändern kann, sondern ursprünglich, natürlich, als Lebensprinzipien betrachtet? Dutzende, Hunderte Vorfahren aus allen Zeiten der menschlichen Historie und zugleich mit einem »gesunden« Abstand zum Irdischen – wer könnte eine klarere Antwort darauf geben als sie?

Ein Ausblick nach vorn

Bevor ich den einführenden Teil des Buches abschließe, möchte ich Ihnen noch einen Ausblick darauf geben, was am Buchende, dann auf einer neuen Ebene, den Bogen schließen wird. Wenn sich ein Mensch eine Zeit lang mit der Geschichte seiner Familie, seiner Herkunft und den vielfältigen Schichten seiner Ahnenwelt auseinandergesetzt hat, dann wird er aus dieser Zeit sicher verändert, in sich vollständiger und friedvoller hervorgehen. Dann sollte sich der Blick wieder nach vorn richten, auf das eigene Leben und die Zukunft. Unsere

Potenziale werden uns oft erst mit Blick auf die Vergangenheit bewusst, wie Sie noch genauer sehen und erkunden können. Sind sie erkannt worden, dann muss es darum gehen, sie aktiv ins Leben hinein umzusetzen.

Ein sehr interessanter und auf vielerlei Weise spielerisch weiterzuspinnender Gedanke ist nämlich der: Auch wir sind Ahnen. Wir sind die Ahnen der Zukunft. Wir sind diejenigen, an die sich vielleicht in fünfzig oder hundert Jahren unsere Nachfahren – physische Enkel und Urenkel oder auch geistige – wenden werden, wenn sie aus den geistigen Sphären Rat und Unterstützung brauchen. Dann ist es an uns, diesen dann auf der Erde Lebenden von den jenseitigen Sphären aus Lebenskraft, Inspiration und nicht zuletzt Wohlwollen und Liebe zu schicken. Faszinierend, oder? Wie würden Sie Ihr Leben von heute ab gestalten, wenn Sie wüssten, dass sich in einhundert oder einhundertfünfzig Jahren ein dann lebender Mensch an Sie in Ihrem Jenseits wenden wird, weil er echte Unterstützung und wirklichen Beistand benötigt? Welche Qualitäten würden Sie von heute ab hochschätzen und in sich weiterentwickeln, damit diese Kraft tatsächlich im Ahnenfeld zur Verfügung steht? Und was würden Sie in Ihrem Denken oder Verhalten ändern oder auch verstärken, um die Chance zu erhöhen, dass es diesen Menschen dann auch wirklich geben wird und dass er auf einer lebensfreundlichen Erde lebt, in einer lebenswerten Gesellschaft?

HEILSAMES WIRKEN
IM AHNENFELD

Dieses Buch zeigt einen Weg, das Ahnenfeld auf der persönlichen und damit immer auch auf der kollektiven Ebene von alten Verstrickungen und Belastungen zu befreien. Die Methoden dafür stammen aus der systemischen Aufstellungsarbeit und dem Schamanischen. Es gibt Bewusstwerdungsübungen, Fantasiereisen und Rituale. Dies alles bietet einen echten Energieschub für das eigene Leben. Denn steht man im Blick zurück anfangs einem wirren Durcheinander aus Biografien, Geschichten, Leid und Schicksal gegenüber, lichtet es sich nach und nach zu einem Feld aus Menschen der Vergangenheit und Gegenwart, die versuchten, das Beste aus dem zu machen, was das Leben ihnen gab. Verständnis entsteht, Frieden reift heran, Versöhnung und Dankbarkeit. Es wachsen Wurzeln, die Kraft dafür geben, tatsächlich das zu leben, wonach Herz und Seele rufen. Unterstützt von der Kraft der Vorfahren, die auf der seelischen Ebene immer nur das Beste für ihre Nachkommen wollen.

Auf der Basis dieser positiven Vision, die ich hier bewusst noch einmal wiederholt habe, tauchen wir nun in diesem zweiten Teil des Buches in die Tiefe. Dabei wird es ab und an unweigerlich etwas dunkel und unbequem werden, wenn wir die Gebiete betreten, die jahrzehntelang, vielleicht sogar jahrhundertelang gemieden wurden. Doch die eben beschriebene Vision leuchtet uns auch durch diese Untiefen hindurch den Weg. Mit ihr wissen wir, dass uns dieser Weg zu Heilung und Aussöhnung führen wird und dass es wichtig ist, dass er begangen wird.

Der Begriff der Felder

Im Buch »Großstadtschamanismus. Wie wir zu uns finden, wenn die Welt sich immer schneller dreht« habe ich gemeinsam mit Franziska Muri recht genau herauszuarbeiten versucht, wie Energien und Felder wirken. Von Feldern wird heute ja sehr häufig gesprochen, wenn man unterschwellig wirkende Kräfte beschreiben möchte. Was aber ist genau damit gemeint? Wir hatten uns in unserem Buch zunächst auf die in der Natur wirkenden Grundenergien bezogen und dann untersucht, inwieweit sich das Wirken von Feldern und speziell Bewusstseinsfeldern auf Städte und moderne Lebensumfelder übertragen lässt. Die Überlegungen dazu basierten auf der schamanischen Erfahrung, die ich nicht zuletzt mit dem Thema Ahnen gemacht habe. Ganz wesentlich ist es nämlich für mich geworden, von einem »Ahnenfeld« zu sprechen.

Bleiben wir, um das genauer zu erklären, zunächst einmal bei der Natur: Sicher können Sie sich an Ausflüge erinnern, an Wanderungen durch Berglandschaften oder einen Wald, an Badetage am See oder am Meer, vielleicht an einen Urlaub in einem Nationalpark oder einfach einen Spaziergang im Park Ihrer Stadt. Sie haben die Umgebung dabei in einer speziellen Stimmung wahrnehmen können, von Landschaft zu Landschaft ganz unterschiedlich. Es ist vor allem diese Stimmung, die uns Menschen in der Natur auftanken lässt. Wir können dort frei durchatmen und – wie es viele nennen – wieder zu uns kommen. Oftmals werden wir inspiriert, es kommen uns gute Ideen, und wir fühlen uns am Ende kraftvoll und zugleich innerlich ruhiger.

Was wir erlebt haben, ist das Kraftfeld der Natur. Sogar ohne dass wir es uns während unseres Besuches dort bewusst machen, können wir in der Erinnerung beschreiben, wie dieses Stück Natur auf uns gewirkt hat: War es dort still, war es rau und wild, war es sanft und lieblich, spürten wir so etwas wie Heiligkeit? Wir können das wahrnehmen und vielleicht sogar benennen, sind also von Natur aus mit einem Sinn für die feineren Schwingungen einer Landschaft oder eines Ortes ausgestattet.

Die Wissenschaft geht seit einigen Jahrzehnten noch sehr viel tiefgehender auf das Wirken von Feldern ein. Insbesondere der Biologe Rupert Sheldrake steht mit seiner Theorie der morphogenetischen oder einfach morphischen Felder am Beginn einer faszinierenden Forschungsgeschichte. Er geht von nicht sichtbaren Energien aus, die die Basis und den Hintergrund von all dem ausmachen, was wir sehen und berühren können. Das Feld im Hintergrund bringt alle natürlichen Systeme hervor, Landschaften, Pflanzen, Tiere und uns Menschen.

Familiensysteme als wirksame Felder

Auch in Familiensystemen wirken solche Felder. Das können Sie auf die einfachste Weise nachvollziehen, wenn Sie sich beispielsweise an die Stimmung in Ihrem Elternhaus oder bei einer größeren Familienfeier erinnern. Ziehen Sie zum Vergleich die Stimmung im Hause einer Schulfreundin hinzu, merken Sie, dass das in dem jeweiligen System wirkende Feld individuelle Qualitäten zeigt. In der einen Familie geht es vielleicht streng und kühl zu, in der anderen leicht und heiter, in einer nächsten ruppig und rau, und eine weitere wirkt irgendwie verschlossen, als läge sehr viel Ungesagtes und Geheimgehaltenes in der Luft. Der Familientherapeut Albrecht Mahr, der ebenfalls systemisch arbeitet, prägte in einem solchen Zusammenhang den Begriff »wissende Felder«. Denn in diesen Stimmungen steckt noch sehr viel mehr: grundlegende Ideen vom Leben, Weltanschauungen, Glaubenssätze, all diese Dinge, die »man« so und nicht anders macht. Zugleich gibt es im Feld jedes Familiensystems das große Netz alter Geschichten: die vielen Schicksale, die diese Familie in ihrer weitläufigen Vergangenheit bisher erfahren hat und hat ertragen müssen. Sie alle formten nicht nur die einzelnen Menschen, sondern auch das Feld, die Grundstimmung, in der sie leben und die sie immer neu an ihre Kinder weitergeben.

Mit genau diesen Feldern und all den darin verborgenen Mustern wollen wir uns in diesem Teil des Buches beschäftigen. Es ist eine große Aufräumaktion, an deren Beginn die Bewusstwerdung steht: Was macht meine Familie eigentlich aus? Was kennzeichnet das Feld meiner Ahnen? Was lebt von meinen Ahnen ungünstig in mir fort und schränkt mich ein? Wo kann und sollte ich mir etwas bewusst machen und etwas in die richtige Ordnung zu bringen versuchen, damit das Ahnenfeld reiner und leichter wird? Damit ich meinen Weg kraftvoller weitergehen kann und mir die Ahnen sogar als Unterstützung dienen.

Die Dinge in Ordnung bringen

Die »richtige Ordnung« ist hierbei ein Schlüsselbegriff. Denn es gibt eine solche Ordnung, und es ist uns Menschen rein intuitiv klar, wann etwas »in Ordnung« ist und wann nicht. So empfinden wir es beispielsweise als »richtig«, wenn in einer Familie gegenseitige Wertschätzung herrscht. Wir empfinden es als in Ordnung, wenn Kinder in ihren individuellen Fähigkeiten wahrgenommen und geschätzt werden und wenn sie für einige Jahre liebevoll begleitet und dann losgelassen, in ihr eigenes Leben entlassen werden.

Wann immer auf mehr oder weniger grobe Weise gegen die natürliche Ordnung verstoßen wird, spüren wir das nicht nur, es hinterlässt auch Spuren im Feld des Familiensystems. Und da nun einmal nicht immer alles glatt läuft, ist insbesondere das Feld unserer Vorfahren voller Wirbel, Strudel und

Knoten, die sich aus persönlichen Schicksalen und natürlich auch aus Kriegserfahrungen, die ganze Generationen betroffen haben, ergaben. Wird hier nicht ordnend eingegriffen, »vererben« sich die Folgen und die daraus entstandenen ungünstigen oder sogar lebensfeindlichen Muster von Generation zu Generation immer weiter.

Um wieder die richtige Ordnung herzustellen, können wir natürlich nicht die Vergangenheit verändern. Aber wir gehen auf die Ebene des Feldes und der dort wirkenden Energien. Aus psychotherapeutischer ebenso wie aus schamanischer Sicht – und beide Anschauungen fließen in meiner Arbeit und somit auch in diesem Buch zusammen – setzt der Heilungsprozess ein, sobald ein Bewusstwerdungsprozess stattgefunden hat. Wenn Sie erkennen, wenn Sie genau erspüren und sich in der Tiefe von dem berühren lassen, was in Ihren Herkunftslinien nicht in Ordnung ist, dann können Sie es bewusst anerkennen. Damit ordnet es sich gewissermaßen in Ihnen bereits neu. Denn Sie wissen, wie es richtig sein könnte.

Darüber hinaus arbeiten wir – das haben Sie im ersten Teil des Buches bereits erlebt – mit Fantasiereisen und schamanischen Ritualen, die direkt an den im Feld teilweise unbewusst wirkenden Energieströmen ansetzen. Erfolgt dort eine Veränderung, wird also das energetische Feld gewandelt, dann bringt das getreu dem morphischen Feld, wie es Sheldrake beschreibt, auch andere Formen hervor. Die Muster im Kopf und im Herzen, Verhaltensweisen, das Miteinander, all das beginnt sich entsprechend der neuen Ordnung zu verändern. Und genau das ist Heilung.

Das Ahnenfeld

Die Gesamtheit unserer Vorfahren ist also ebenfalls ein Feld. Das lässt sich zunächst erst einmal ganz praktisch zeigen, wenn Sie sich Ihre Vorfahren als eine Art Stammbaum vorstellen beziehungsweise als horizontales Feld. Hinter jedem Menschen stehen sinnbildlich seine Eltern, Großeltern, Urgroßeltern, deren Eltern und deren Großeltern und so weiter. Dazu alle weiteren Verwandten, insbesondere Geschwister, die dieses Feld dicht und breit werden lassen. Dieses Ahnenfeld eines jeden Einzelnen reicht weit in die Geschichte zurück und verflicht sich dort natürlich mit den Ahnenfeldern anderer Menschen – dies umso mehr, je weiter man zurückgeht. So bildet sich ein kollektives Feld der Ahnen.

Wenn Sie dieses Bild auf sich wirken lassen, all diese Menschen, Geschichten, Charaktere, Schicksale, die hinter Ihnen stehen, dann wird es Sie auch nicht verwundern, dass ein solches Feld tagtäglich auf Sie einwirkt. Es bestimmt ganz maßgeblich mit, wer Sie heute sind, wie Sie sich verhalten und welche Lebensumstände Ihnen begegnen. Wir alle sind nicht nur von dem geprägt, was wir in unserer Kindheit im direkten Umfeld erlebt haben. Wir sind auch ganz entscheidend davon beeinflusst, was sich im Leben unserer Ahnen ereignet hat und wie diese mit dem umgingen, was sich in ihrem Leben zeigte:

◉ Welche Glaubenssätze haben die Vorfahren nach Schicksalsschlägen entwickelt und unterschwellig weitergegeben?

◉ Welche Ideen vom Leben haben sie anhand ihres eigenen Lebens kreiert?

◉ Welche Ängste oder Vorlieben haben sie im Laufe ihrer Biografie herausgebildet?

In jedem Ahnenfeld, in jeder Familie gibt es Freud und Leid, Gelingen ebenso wie schweres Schicksal. Sich dessen bewusst zu werden, sich über die Auswirkungen des Vergangenen ins heutige, eigene Leben klar zu werden ist der erste Schritt, aus möglichen ungünstig wirkenden Ketten auszusteigen. Es ist tatsächlich eine positive Botschaft: Auch im Ahnenfeld lässt sich auf energetischer Ebene heilend eingreifen, sodass von Generation zu Generation weitergegebene Muster, Ängste, Schwüre und nicht förderliche Glaubenssätze aufgelöst werden können. Das Ergebnis ist, dass Sie hinter sich ein kraftvolles Feld von Vorfahren wissen, in dem gesunde Ordnung und Harmonie herrschen. All die alten Verstrickungen, all das ängstlich Verheimlichte und Vertuschte, all das Schwere und für die Einzelnen kaum zu Bewältigende konnte erlöst werden. Ihnen stehen die Kraft und das Wohlwollen Ihrer Ahnen zur Verfügung, und auf dieser Basis können Sie erfolgreich Ihren eigenen Weg gehen und Ihr ganzes Potenzial leben.

Das Genogramm als Hilfe für die Bewusstmachung

Um sich einen Überblick über das eigene Ahnenfeld zu verschaffen, eignet sich ein Genogramm in besonderer Weise. Es ist eine grafische Darstellung all Ihrer Vorfahren in der Weise, wie sie miteinander verwandt sind. Dabei werden Frauen üblicherweise als Kreis und Männer als Quadrat dargestellt. Sie beginnen damit, dass Sie auf einem Blatt Papier im Querformat relativ weit unten Ihre Eltern als Kreis und als Quadrat nebeneinander zeichnen. Von jedem geht ein kurzer Strich nach oben, dann folgt ein Querbalken, von dem aus wieder kurze Striche nach oben zu den Eltern Ihrer Eltern gehen. Und spätestens hier kann es kompliziert werden: Denn vielleicht ist Ihre Mutter oder Ihr Vater bei einem Stiefelternteil aufgewachsen. Oder bei Ihnen selbst war das so. Dieser Mensch muss dann zusätzlich zum leiblichen Elternteil, den es ja in jedem Fall auch gab, eingezeichnet werden.

Für einen klaren Überblick ist es sinnvoll, alle Ihnen auch nur annähernd bekannten Vorfahren aufzuzeigen. Sie zeichnen also auch die Geschwister Ihrer Eltern ein, die Geschwister von deren Eltern, zusätzliche Partner und Stiefgeschwister und so weiter. Da es bei einem Genogramm ausschließlich um biologische Ahnen geht, werden Sie meist nicht weiter als bis zur Generation Ihrer Urgroßeltern oder Ururgroßeltern kommen, auch wenn Ihnen diese frühen Generationen nicht mehr vollständig bekannt sind. Geben Sie einfach jedem seinen Platz, von dessen Existenz Sie irgendetwas wissen.

Sie werden sicher schon gemerkt haben, dass ein solches Bild extrem umfangreich werden kann, wie ein riesiges Puzzle. Die angeordneten Personen allein helfen Ihnen ja noch nicht wirklich weiter. Vielmehr geht es darum, zu jedem dieser Menschen bestimmte Eckdaten zu vermerken, die Ihnen Aufschluss über Zusammenhänge in Ihrem eigenen Leben geben. Das aber kann niemals vollständig sein – oder es würde Monate und eine ganze Wandfläche brauchen. Ich empfehle Ihnen daher, ein solches Genogramm immer nur für einen bestimmten Themenbereich anzufertigen: Dabei kann es um berufliche Belange gehen oder vielleicht um partnerschaftliche Fragen, oder Sie gehen in einem solchen Bild Ihren Einsamkeitsgefühlen nach und prüfen, ob sie Wurzeln im Ahnenfeld haben könnten. Sie schreiben also bezüglich Ihres Themas alle Daten und Eigenschaften Ihrer Vorfahren, um die Sie wissen, in das Bild. Notieren Sie relevante Grundzüge des Lebens dieser Menschen. War jemand oder sogar mehrere Ahnen, um bei den Beispielen zu bleiben, beruflich sehr erfolgreich oder einfach sehr fleißig und genau, waren Vorfahren in schwierige Beziehungen verstrickt oder wurden verlassen und litten darunter? Notieren Sie, was Ihnen in den Sinn kommt und auffällig erscheint. Vielleicht erinnern Sie sich auch an bestimmte Aussagen, die diese Vorfahren oft getroffen haben oder die zu ihnen passen könnten. Vielleicht sagte jemand als Grundhaltung so etwas wie: »Ich vertraue auf Gott.« Oder jemand könnte als Überschrift über seinem beruflichen Leben den Satz haben: »Es geht sowieso alles schief!«

Beispiel für eine Genogrammzeichnung

TOCHTER
Gefühl von Isolation – fehlende Geborgenheit

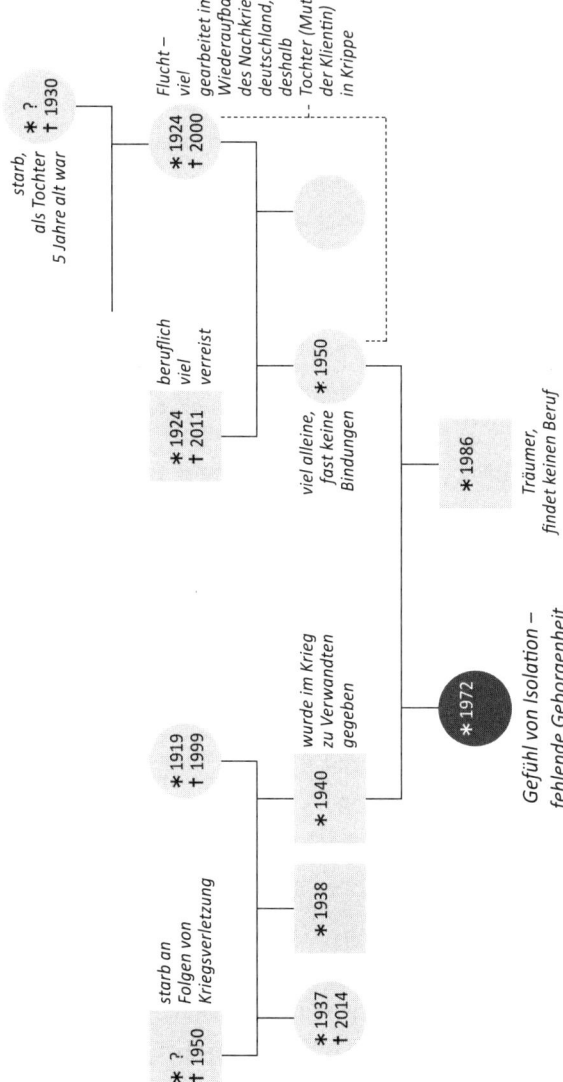

Das Genogramm, das Sie in der Abbildung sehen, zeigt schon auf den ersten Blick, dass zur Herausarbeitung eines bestimmten Themenbereichs nur ein paar der ansonsten unendlich vielfältigen Daten nötig sind. In diesem Fall geht es um eine Frau, die sich schon ihr ganzes Leben lang immer wieder isoliert fühlte und Geborgenheit vermisste. Ich bat sie um ein paar Erinnerungen zu ihrer Kindheit und dem Leben ihrer Vorfahren und skizzierte, während sie sprach, das Genogramm. Sie selbst ist die als Kreis dargestellte Person unten links. Mit diesem Überblick wurde sehr schnell deutlich, dass es hier vor allem um ein Gefühl ging, das sich durch ihre mütterliche Linie zog. Ihre Großmutter musste als junges Mädchen während des Krieges fliehen. Sie hatte also eine starke Verlusterfahrung gemacht. Später war sie mit einem Mann verheiratet, der viel unterwegs war. Sie war oft allein und musste außerdem selbst sehr viel arbeiten, sodass ihre Tochter, die Mutter meiner Klientin, schon sehr früh die meiste Zeit in fremden Händen war. Von Geborgenheit war in beiden Generationen nicht viel zu spüren. Die Mutter der Klientin wählte dann einen Mann, der ebenfalls frühe Verlusterfahrungen gemacht hatte – er war als Kind weggegeben worden.

Während wir diese Zusammenhänge herausarbeiteten, war die Klientin sehr berührt. Sie konnte in diesem schwierigen Lebensthema endlich einen größeren Bezug herstellen und sich emotional in ihren Vorfahren wiederfinden. Sie konnte nachempfinden, wie es ihnen gegangen sein musste, denn sie hatten ihr das Gefühl der Einsamkeit und den Mangel an Geborgenheit unmittelbar weitergegeben. So stellte sich einerseits auf der faktischen Ebene eine neue Klarheit ein, zugleich konnte sie die Wirkung der Emotionalität der Schicksale vor ihr tief nachempfinden. Auf dieser Basis – und natürlich in der weiteren therapeutischen Arbeit – gelang es ihr, ihre Gefühle zu durchleben und neue Horizonte für sich zu erschließen. Horizonte, die einen vertrauteren Umgang mit anderen ermöglichten.

Sprungbrett für mehr (Ahnen-)Bewusstsein

Indem Sie über ein Genogramm mit Ihren Ahnen in Kontakt kommen, lernen Sie bereits eine ganze Menge über Ihr Familiensystem und natürlich auch über sich selbst. Es kann dazu dienen, sich bereits Ressourcen bewusst zu machen. Vielleicht bemerken Sie in einer beruflichen Krise, dass einige Ihrer Vorfahren ebenfalls solche wirtschaftlichen Tiefs erlebt haben – und dass sie sie meistern konnten. Das kann Ihnen das Vertrauen geben, es ebenfalls zu schaffen.

Auf der anderen Seite macht Ihnen diese grafische Darstellung Schwierigkeiten bewusst, die nicht einfach in Ihnen selbst liegen, sondern von Generation zu Generation weitergetragen wurden. Ich erinnere mich hier beispielsweise an eine Frau, deren Großmütter mütterlicher- und väterlicherseits immer wieder schmerzlich von Männern und den Vätern ihrer Kinder verlassen worden sind – sei es, weil diese im Krieg fielen oder weil sie sie mit einem Kleinkind sitzen ließen. Durch das Genogramm wurde dieser Frau klar, dass diese Großmütter ähnlich wie ihre Mutter nach dem unausgesprochenen und sicher auch unbewussten Satz lebte: »Ich tue alles, um den Mann nicht zu verlieren.« Es fiel ihr wie Schuppen von den Augen, dass auch sie selbst schon viel zu lange in einer Ehe ausharrte, die ihr nicht mehr guttat. Obwohl sie eigentlich eine sehr starke und selbstständige Frau war, lebte sie hier ein Muster ihrer weiblichen Vorfahren weiter und konnte sich erst daraus befreien, als ihr das bewusst geworden war. Sie suchte nun direkt die Auseinandersetzung mit ihrem Mann, der schließlich angesichts ihrer neuen Zielgerichtetheit und Kompromisslosigkeit einer Paartherapie zustimmte. Sie hatte keine Angst mehr davor, den Mann zu verlieren, und tat nun alles dafür, dass sie wieder zu sich selbst stehen und ihr Potenzial leben konnte.

Ein Hinweis: Die hier vorgestellte Ahnenarbeit kommt auch ohne ein solches Genogramm aus. Sie müssen es also nicht machen und können dennoch umfassend von den hier dargestellten Methoden und insbesondere den folgenden Ritualen profitieren. Es ist auch nicht Teil meiner Ahnenseminare, unter anderem deshalb, weil ein solches Genogramm viel Zeit in Anspruch nehmen kann. Kaum jemand wird es mit einem Schwung komplett hinzeichnen können. Es ist vielmehr ein Prozess, bei dem dem Einzelnen sehr viel bewusst wird. Die grafische Darstellung lässt alle möglichen Erinnerungsfetzen allmählich zu einem Gesamtbild verschmelzen. In dieser Hinsicht ist es für jede Form der Annäherung an die eigenen Vorfahren sehr hilfreich. Es schärft ungemein Ihre Wahrnehmung des Ahnenfeldes, zu dem Sie gehören, auch wenn es an vielen Punkten unvollständig bleibt.

Das Ahnenfeld vervollständigen

Um sich die Kraft des Ahnenfeldes zu erschließen, hilft es Ihnen, sich dieses Feld in seiner Vielschichtigkeit möglichst umfassend zu vergegenwärtigen. Auf der biografischen Ebene kann es Ihnen natürlich nie vollständig bewusst sein, da gibt es viel zu viele Details, von denen heute niemand mehr weiß. Energetisch aber sollte es in seiner Gänze da sein – und darum geht es jetzt. Je vollständiger ein Ahnenfeld ist, desto mehr von der Kraft, die zu ihm und somit auch zu Ihnen gehört, kann es Ihnen erschließen. Lücken und Löcher bergen irgendetwas Unbewusstes, nicht Wahrgenommenes, Verdrängtes und können alle im Feld letztlich Lebenskraft kosten.

Auf welche Weise auch immer Sie versuchen, Ihren Stammbaum zu rekapitulieren – ob in einer einfachen Reflexion in einem stillen Moment, im Gespräch mit einem lebenden Verwandten oder etwas aufwendiger in einem Genogramm – Sie werden sicher bemerken, dass es dort zahlreiche Lücken gibt. Nicht nur, dass Sie selbst sich vielleicht nur an zwei oder maximal drei Generationen über sich erinnern können, weil Sie die anderen nie kennenlernen konnten und von ihnen auch nicht gesprochen wurde. Es gibt außerdem Lücken, weil man über bestimmte Außenseiter lieber einen Mantel des Schweigens breitete, weil das Schicksal Einzelner nicht bekannt ist und die Vorfamilie entschieden hat, es nicht nachzuverfolgen. Und damit betreten wir den Bereich der sogenannten Ausgestoßenen.

Die »Ausgestoßenen«

Wer genau gehört zu diesen Unbekannten, die als »Ausgesto-ßene« bezeichnet werden? Warum ist in beinahe jedem Ahnenfeld die Existenz einiger Menschen nicht überliefert, nicht mehr bekannt, warum sind einige auf irgendeine Weise ins Abseits geraten oder gedrängt worden? Warum gibt es immer wieder nicht Gewürdigte, Verstoßene, Vergessene, Verdrängte, Verbannte, nicht Gesehene? Eine Vielzahl von Gründen kann zu diesen Lücken im Feld der Vorfahren geführt haben:

- **Psychische Krankheit:** In früheren Jahrhunderten und so-gar noch Jahrzehnten hat man sich dieser »Geistesgestör-ten« oder »Irren« so sehr geschämt, dass sie nicht selten irgendwo versteckt oder in der »Klapsmühle« abgegeben wurden. Es wurde in der Verwandtschaft und vor den Nachbarn dann einfach nicht mehr über sie gesprochen, und sie wurden vergessen.

- **Körperliche oder geistige Behinderung:** In irgendeiner Weise Behinderten erging es oft ähnlich wie den psychisch Kranken.

- **Abgetriebene und Totgeborene:** Sie wurden meist rasch vergessen, gehören aber dennoch zum Ahnenfeld auf sei-ner energetischen Ebene.

- **Uneheliche Kinder:** Sie waren über lange Zeiten hinweg ein großes Problem: für die Mutter, die häufig geächtet wurde, und für das Kind, das ebenfalls Verachtung erfuhr, nicht selten weggegeben oder vielleicht sogar ausgesetzt wurde. Häufig ist es so, dass der Vater eines unehelich gezeugten Menschen gar nicht mehr bekannt ist. Vielleicht hat die Mutter später geheiratet und weitere Kinder bekommen, und so wurde diese frühere Episode oder Affäre möglichst schnell vergessen. Dem ersten Kind mag es gut ergangen sein, es mag später selbst eine Familie gegründet haben – dennoch fehlt genealogisch ein Zweig, nämlich der des Vaters, im Feld desjenigen, der »offiziell« zur Familie dieser Mutter gehört.

- **Suizid:** Menschen, die sich das Leben nahmen, wurden aus unterschiedlichen Gründen oft verdrängt.

- **Soziale Außenseiter:** Wer nicht der gesellschaftlichen Norm entsprach, wurde oft ausgegrenzt. Ob es eine alte jungfernhafte Tante war oder ein irgendwie verquerer Lebenskünstler – sie gehörten nicht dazu und wurden oftmals in die entscheidenden Fragen der Familie nicht einbezogen, zu Festen nicht eingeladen und so weiter. Menschen, die als andersartig galten, zogen sich manchmal auch von sich aus zurück, wechselten den Wohnort oder wanderten sogar aus.

- **Auswanderer:** Menschen, die freiwillig oder auch aufgrund einer Straftat das Land verließen, um woanders neu anzufangen, wurden häufig einfach vergessen. Sie waren weit weg, sodass sie in den Gedanken der Zurückgebliebenen nicht mehr auftauchten und irgendwann scheinbar nicht mehr zur Familie gehörten.

◉ **Homosexualität:** Auch Menschen mit nicht allgemein anerkannten sexuellen Orientierungen wurden sehr oft ausgestoßen. Die Familie wollte mit ihnen nichts zu tun haben, wenn sie an ihren normierten Vorstellungen, wie ein Mensch zu sein hat, festhielt.

◉ **Religiosität:** Viele Menschen wurden aus der Familie verbannt und über die Zeit vergessen, wenn sie jemanden heirateten, der einer anderen Religion angehörte, oder sich selbst zu einer anderen Religion als der in der Herkunftsfamilie praktizierten bekannten.

◉ **Nationalität und Rasse:** Dass jemand einen Menschen einer anderen, in der Familie nicht erwünschten Nationalität oder Rasse heiratete, konnte ebenfalls zu seiner Verbannung aus der Familie führen.

◉ **Kriminalität:** Wer auf die schiefe Bahn geraten war, konnte ebenfalls ausgestoßen werden. Ebenso Menschen, die die Familie »ruiniert« hatten, materiell oder im Ansehen.

Oftmals sind es auch sehr subtile, zunächst unwichtig scheinende Brüche, die dazu führen, dass im weiteren Verlauf eine Lücke im Ahnenfeld entsteht. Ich hatte beispielsweise einmal einen Klienten, mit dem ich einen solchen Fall herausarbeitete. Seine Mutter stammte aus einer Familie, in der die Mädchen sehr gut, die Jungs hingegen schlecht behandelt wurden. Als sie dann selbst einen Jungen hatte, begann dessen Großvater, also ihr Vater, auch mit diesem schlecht umzugehen. So kam die Mutter in einen Konflikt: Sie musste sich zwischen ihrem Vater und ihrem Sohn entscheiden. Als Mutter hielt sie zu ihrem Kind und musste in Kauf nehmen, dass der Kontakt zu ihrem Vater abbrach. So verständlich und auch mutig diese Entscheidung von ihr war, führte sie doch dazu, dass der Junge, mein späterer Klient, seinen Großvater verlor und damit eine wesentliche Stütze aus seinem Ahnenfeld. Natürlich wäre dieser Großvater mit seiner Einstellung ohnehin keine Stütze für ihn gewesen. Wenn es jedoch gelungen wäre, den Konflikt und die Abneigung des Großvaters gegen Söhne und Enkelsöhne zu lösen, hätte er die Stütze werden können, die ein Großvater in einem gesunden Feld darstellt.

Der Verlust war da, das konnte nicht einfach ungeschehen gemacht werden. Ich konnte dem jungen Mann aber dabei helfen, mit seinen Gefühlen diesbezüglich in Kontakt zu kommen, sie anzuerkennen und zu durchleben. So konnte er seine Einstellung zum Großvater und zur Mutter durchforschen und schließlich lernen, den Großvater so zu lassen, wie er eben ist. Er konnte sich innerlich emotional mit ihm aussöhnen, wissend, dass dieser Mann aus seiner Geschichte heraus seine Gründe für seine Einstellung Jungen gegenüber hatte. Seine Biografie hatte ihm diese Härte beigebracht. Die Vergangenheit und die Einstellung seines Großvaters konnte der Enkel nicht ändern. Aber er konnte aufhören, ihn dafür zu verurteilen und sich als Opfer zu sehen.

Diese neue Art der Betrachtung hielt zudem ein bislang unbemerktes Geschenk für ihn bereit: Seine Mutter nämlich hatte ihm ein berührendes Beispiel für Loyalität gegeben. Sie hat es hingenommen, ihren Vater zu verlieren, indem sie zu ihrem Sohn hielt.

Exkurs
Die Kraft der Rituale

In der hier vorgestellten Ahnenarbeit werden die Ausgestoßenen zurück ins Ahnenfeld geholt und erhalten die Wertschätzung, die ihnen bislang verwehrt wurde. Aus einem energetisch möglichst vollständigen Feld kann die gesamte Kraft erwachsen. Heilung heißt auch hier: Ganzwerdung. Ein Ritual ist dabei der Weg, diese Vervollkommnung zu erreichen.

In meinen Seminaren zum Ahnenthema bilden drei große Rituale die Schwerpunkte. Es sind die Schlüsselmomente, bei denen sich wirklich etwas dreht, etwas verändert, mit großer Kraft Heilung angestoßen wird. Sie alle sind auch Kernpunkte dieses Buches.

Rituale sind nicht von ungefähr seit Jahrtausenden letztlich Teil aller Kulturen. Manche halten sie heute für bloßes Zeremoniell, für rein äußerlich gestaltete Wiederholungen von irgendwelchen Handlungen ohne tieferen Gehalt und vor allem ohne Kraft. Dieser Eindruck mag in vielen Bereichen zutreffend sein, das schmälert aber nicht die Kraft, die Rituale bis heute entfalten können. Es sind – mit der entsprechenden inneren Ausrichtung durchgeführt – wirkmächtige Handlungen, die über Symbolhaftes stark werden. Über ganz bewusst gesetzte Worte und Handlungen wird das gezeigt, was sich auch in der Realität umsetzen soll und während des Rituals auf energetischer Ebene bereits umsetzt. Es wird gewissermaßen unter Einbezug höherer Kräfte als symbolische Handlung vorweggenommen. Auf diese Weise machen Rituale das sichtbar, was bislang allein im Bereich von Schwingungen und Energien existierte und daher kaum greifbar, allenfalls erahnbar war. Nicht zuletzt klären Rituale dabei unser Bewusstsein für ein bestimmtes Thema. In ihnen nehmen wir Kontakt zu den Welten hinter oder über unserer alltäglichen Realität auf und beziehen deren Kräfte in unsere Angelegenheiten ganz bewusst mit ein.

Lassen Sie mich das Beispiel eines Rituals erzählen, das ich vor einiger Zeit im Rahmen einer Hochzeit mit dem Brautpaar und den Gästen – und den Ahnen beider Familien – durchgeführt habe. Die Braut war in Deutschland geboren, hatte ihre Wurzeln aber im früheren Jugoslawien. Ihre Familie hatte während des Krieges in den 1990er-Jahren viele Tote aus ihren Reihen zu beklagen. Der Schmerz darüber war in allen Überlebenden noch immer lebendig. Wie sie selbst sagte: »Ich hatte den Eindruck, dass nicht nur die Toten auf die andere Seite gegangen waren, sondern die Überlebenden ebenso. Sieben Jahre nach der Katastrophe traf sich die Familie größtenteils nur auf Beerdigungen. Es waren, da so viele Menschen aus unserer Heimatstadt in diesem Krieg umgekommen waren, Massenbeerdigungen. Die Kulisse war eine verwüstete Stadt voller Ruinen. Die Häuser und Straßen, sogar die Bäume waren mit Einschusslöchern versehen. Wir wurden mehrmals ermahnt, nicht auf Grasflächen zu treten, weil sich in unübersichtlichen Arealen noch Minen befinden könnten. Es war nicht der Abschied, den ich mir für meine Liebsten gewünscht hätte. Der Trauerprozess ging schwer vonstatten – allein auch deswegen, weil es sieben Jahre gedauert hatte, bis wir die Leichname unserer Familienmitglieder endlich beerdigen konnten. Denn sieben Jahre hatte es uns der Krieg nicht erlaubt, unsere Heimat zu sehen.«

Als die Heirat dieser jungen Frau mit einem Deutschen bevorstand, spürte sie, dass all diese getöteten Verwandten irgendwie bei dieser Feier dabei sein sollten. Eigentlich wünschte sie sich, dass sie sogar einen Ehrenplatz dabei erhalten würden. Ihr Schritt in die Ehe bedeutete ihr viel, und irgendwie hoffte sie, dass er einen Teil zur Heilung des Leides aus diesem Krieg beitragen konnte. »Der Krieg und seine Folgen sind in der Familie nicht aufgearbeitet worden. Verdrängung war die gängigste Methode, mit den vielen Toden umzugehen. Aber ich wollte eine Veränderung und Bewusstheit. Ich wollte vor allem meinen geliebten Onkel dabeihaben – ich ertrug es nicht, dass alle Erinnerung an ihn und die anderen ausgelöscht schien. (…) Trauer, Wut und Schmerz, die Erinnerung an die Einsamkeit und Fassungslosigkeit, alles war damals unter den Teppich gekehrt worden. Vielleicht meinten es meine Eltern gut, als sie so taten, als sei ›alles nicht so schlimm‹. Sie sind gebrochene Seelen, die auf ihre Art versuchen, mit der Vergangenheit umzugehen. Aber das Schweigen ist für mich das Schlimmste. (…) Ich wollte nicht ohne meinen Onkel meine Hochzeit feiern. Er gehört zu meinem Leben, und ich vermisse ihn schrecklich. Ich erkannte, dass der Schmerz so lange anhalten würde, wie ich ihm nicht den Platz zugestehen würde, den er in meinem Herzen zwar längst hatte, nicht jedoch in meinem Bewusstsein. Ohne ihn hätte ich die schwersten Zeiten meiner Kindheit nicht überstanden. Er ist eine meiner Wurzeln – ohne ihn wüsste ich nicht, wer ich heute bin und ob mein Herz überhaupt in der Lage wäre, zu lieben.«

Mit ihrem Wunsch nach einer Trauung, bei der ihre Ahnen einbezogen sein würden, kam die junge Frau zu mir. Wir besprachen ihr Anliegen und konzipierten gemeinsam den Ablauf der Feierlichkeit. Ich ließ mir für das Ritual Fotos von möglichst allen verstorbenen Verwandten und auch von denen geben, die nicht zur Hochzeit anreisen konnten, weil sie vielleicht schon zu alt oder krank waren. Das Fest fand in einem großen Garten statt, und ich verteilte diese gerahmten Fotos um einen alten Apfelbaum herum – dieser Apfelbaum war für die junge Frau das Symbol der Familie. Dazu streute ich einige Blüten unter diesem Baum aus, es war ein sehr schöner, festlicher Anblick. Natürlich waren auch Bilder von Vorfahren des Bräutigams dabei. Sie alle waren an diesem großen Tag anwesend.

Für das eigentliche Ritual stellten sich dann die Gäste des Paares als eine breite Gruppe von Menschen auf. Braut und Bräutigam stellten sich davor, sodass sie alle ihre Verwandten hinter sich spüren konnten. Dahinter, so bat ich alle, wurden die Ahnen imaginiert, damit auch sie spürbar wurden. Es wurden Gebete und Bitten ausgesprochen, die Verstorbenen wurden noch einmal ausdrücklich geehrt. Zudem bat ich das Paar, sich einmal bewusst zu diesem Feld hinter sich umzudrehen, in die Augen voller guter Wünsche zu blicken und sich bewusst zu machen, dass das die Kraft ist, die zu ihnen gehört. Als sie sich wieder umdrehten, konnten sie die ganze Kraft ihrer Vorfahren als positive Wirkmacht in ihrem Rücken spüren, ein großes, sie segnendes Kraftfeld, das noch viel weiter zurückreichte als bis zu den Generationen, die die beiden persönlich gekannt hatten.

Zugleich vollzog sich bei dieser Hochzeitsfeier die Verbindung zweier Ahnenfelder. Denn die Vorfahren der Braut und die des Bräutigams fanden durch die Liebe dieser beiden hier zueinander. Es war eine enorme Kraft spürbar, die das Paar und insbesondere die junge Frau sicher noch lange begleiten würde. Sie selbst schrieb mir später: »Für mich war meine Hochzeit ein wahres Fest der Liebe. Weil alles ans Licht der Liebe treten konnte, was vorher im Schatten war.«

Aus meiner schamanischen Erfahrung kenne ich die Kraft von Ritualen natürlich seit Langem und weiß auch um ihre beeindruckende Tradition. Daher ist es mir ein großes Anliegen, in Einzelsitzungen, Seminaren oder Büchern zeitgemäße und gut nachvollziehbare Rituale anzubieten, damit deren Kraft auch für heutige Menschen wirksam werden kann. Speziell die Ahnenarbeit, die weit ins Kollektive hineinreicht, ist für mich ohne Rituale nicht denkbar.

Das erste Ritual
Die Ausgestoßenen zurückholen

Das erste Ritual in meiner Ahnenarbeit und speziell den Seminaren dazu dient der Vervollständigung des Ahnenfeldes. Sie werden es gleich im Detail kennenlernen, sodass Sie es selbst für sich allein, mit einem Partner, jemandem aus Ihrer Familie, einer Freundin oder auch einer Gruppe nutzen können. In diesem Ritual geht es darum, all die Ausgestoßenen und nicht Erinnerten bewusst ins Ahnenfeld zurückzuholen und ihnen den Platz zu geben, der ihnen gehört. Auf diese Weise vervollständigt sich das Feld. Sie sorgen gewissermaßen dafür, dass erst einmal alle Puzzleteilchen wirklich vor Ihnen auf dem Tisch liegen, sodass Sie dann daran arbeiten können, ein komplettes und stimmiges Bild zu erhalten, das Ihnen all seine Schönheit in seinen hellen und dunklen Seiten zeigt und Ihnen ein klares Bewusstsein Ihrer Wurzeln gibt.

Ich möchte es an dieser Stelle noch einmal wiederholen: Es ist eine rein energetisch-schamanische Ritualarbeit. Es geht darum, ein kraftvolles Wirkfeld zu schaffen, das durch das schamanische Bewusstsein aktiviert ist und so die Ordnung wiederherstellt. Es geht nicht darum, dass Sie Ihren Stammbaum auf der faktischen Ebene komplettieren. Es ist nicht wichtig zu wissen, wer im Einzelnen welches Schicksal erlebt hat. Sie brauchen weder alle Namen noch alle Geschichten und Schicksale zu kennen. Auf der energetischen Ebene aber werden Sie das Bild Ihrer Vorfahren, das Feld Ihrer Ahnen vervollständigen. Genau dazu dient das folgende Ritual.

Ritual
Die Ausgestoßenen ins Ahnenfeld zurückholen

Vorbereitung

◉ Suchen Sie sich in der Natur einen Stein. Gehen Sie dazu mit der Absicht hinaus, einen Stein zu finden, der all die Ausgestoßenen Ihres Ahnenfeldes repräsentieren wird. Natürlich kann es auch ein Stein sein, den Sie bereits bei sich zu Hause haben.

◉ Sie können diesen Stein zunächst waschen und, wenn Sie möchten, auch mit weißem Salbei oder einem anderen reinigenden Kraut räuchern. Besonders schön ist es, wenn Sie mit seinem Wesen Kontakt aufnehmen und es bitten, Ihnen in diesem Ritual als Stellvertreter für die Ausgestoßenen zu helfen.

Das eigentliche Ritual

◉ Schaffen Sie sich einen Rahmen, in dem Sie ungestört arbeiten können. Gestalten Sie sich einen ruhigen Raum mit einer guten Energie. Er muss nicht groß sein, aber von einer Atmosphäre, die Sie als wohltuend und heilsam empfinden. Gestalten Sie sich an Ihrem Ritualplatz außerdem eine Art Altar, einen kleinen Platz für Dinge, die Ihnen wichtig und wertvoll sind, beispielsweise auch in Bezug auf Ihre Ahnen oder darauf, warum Sie zum jetzigen Zeitpunkt Ihres Lebens Ihr Ahnenfeld klären und bereinigen wollen. Stellen Sie eine

Kerze auf, vielleicht ein paar Fotos, Steine oder andere Gegenstände, die für Sie bedeutsam sind oder Symbolcharak-
ter haben.

- Zu Beginn können Sie diesen Raum und Ihren Altar auch räuchern. Sie können wie bei jeder schamanischen Arbeit die
vier Himmelsrichtungen, Himmel und Erde einladen und
bitten, Sie zu unterstützen. (Genauere Anleitungen dazu
können Sie beispielsweise im Buch »Großstadtschamanismus« nachlesen.)

- Nehmen Sie in Ihrem Raum vor Ihrem Altar Platz, Sie können
stehen oder sitzen. Atmen Sie ein paarmal tief durch und
zentrieren Sie sich, kommen Sie ganz bei sich an.

- Machen Sie sich nun noch einmal Ihr Anliegen bewusst: Sie
wollen all die Menschen in den Kreis Ihrer Vorfahren zurückholen, die ausgestoßen, verdrängt oder vergessen wurden,
die keine Achtung und Wertschätzung bei ihren Vorfahren
und Angehörigen erfahren haben. Verbinden Sie sich mit der
geistigen Welt, mit Ihrem spirituellen Ahnen oder einem anderen geistigen Gefährten, den Sie kennen. Bitten Sie diese
Kräfte, bei diesem Ritual mit Ihnen zu sein und für eine umfassende Heilwirkung zu sorgen.

- Nehmen Sie nun Ihren Stein. Vielleicht wollen Sie ihn noch
einmal räuchern und auf diese Weise reinigen und energeti-
sieren.

- Mit dem Stein in der Hand sammeln Sie sich nun. Konzentrieren Sie sich ganz in Ruhe auf all die Menschen, die zu Ihrem
Ahnenfeld gehören, aber nicht gewürdigt, nicht geachtet,
ausgestoßen, vergessen, an den Rand gedrängt wurden. Es

ist egal, ob diese Menschen aus Ihrer väterlichen oder mütterlichen Linie stammen. Ebenso gleichgültig ist es, aus welcher Generation sie kommen. Sie sammeln jetzt einfach all
diese Menschen in Ihrem Bewusstsein und lassen diese
Energie in den Stein in Ihren Händen fließen. Vielleicht kennen Sie einen dieser Ausgestoßenen recht genau, wissen
von seiner individuellen Existenz und den Umständen, die
ihn aus dem Kreis Ihrer Vorfahren vertrieben haben. Nehmen Sie diesen Menschen jetzt in Ihr Bewusstsein auf und
lassen Sie ihn energetisch in den Stein fließen. Zugleich aber
auch all die anderen Ausgestoßenen, die Sie möglicherweise
vermuten oder von denen Sie gar nichts wissen – die gesichtslosen Ahnen. Sie alle finden jetzt Platz in Ihrem Bewusstsein und strömen als Energie in den Stein. Sie lassen
alle nicht gewürdigten und verdrängten Vorfahren als Energie in den Stein übergehen.

◉ Indem diese Vorfahren von Ihnen zurück ins Bewusstsein
gebracht werden, finden sie jetzt den Platz im Feld, der der
ihre ist. Dies können Sie stumm oder mit Worten über ein
Gebet verstärken. Bitten Sie darum, dass all diese Ausgestoßenen mit diesem Ritual über Ihr Bewusstsein und über diesen Stein, in den sie eingegangen sind, ihren rechtmäßigen
Platz im Feld zurückbekommen. Während Sie hier sitzen, mit
Ihrem Stein und den ausgestoßenen Ahnen im Bewusstsein,
wissen Sie, dass sich das Feld jetzt vervollständigt, dass sich
all die Lücken, die vielleicht über Jahrzehnte oder sogar Jahrhunderte in diesem Feld geklafft haben, schließen. Lassen Sie
sich Zeit. Lassen Sie die Energie der Ausgestoßenen so lange

in Ihren Stein fließen, bis Sie deutlich spüren, dass nun alle ihren Platz gefunden haben.

◉ Legen Sie den Stein jetzt vor sich auf den Altar. Verbinden Sie sich bewusst mit Himmel und Erde und lassen Sie eine goldene Lichtsäule entstehen, die genau durch Ihren Altar und vor allem den Stein geht. Visualisieren Sie, wie das strahlend goldene Licht von oben nach unten zum Stein und ebenso von unten nach oben durch diesen Stein strömt, wie es ihn reinigt, erhellt und energetisiert. Bitten Sie darum, dass all die bislang ausgestoßenen Vorfahren in diesem Licht rehabilitiert werden, dass sie Wahrnehmung, Achtung, Wertschätzung und Fürsorge erfahren und ihren ordnungsgemäßen Platz im großen Feld der Vorfahren erhalten und einnehmen. Das geistige Licht, das göttliche Licht heilt jetzt all die alten Wunden.

◉ Wenn Sie möchten, können Sie die Lichtsäule so sehr ausweiten, dass Sie selbst Teil davon sind. Dann erhalten Sie ebenfalls etwas von diesem göttlichen Licht und geben es zugleich aktiv an den Stein und damit an Ihre Ahnen weiter. Sie selbst werden noch deutlicher zu einem Mittler dieser Energie. Sie können dabei auch tönen oder summen, wenn Sie möchten, oder Sie bleiben einfach still. Lassen Sie zu, was Ihnen angenehm ist, vielleicht auch Bewegungen Ihres Körpers.

◉ Wenn Sie merken, dass sich das Ritual seinem Ende zuneigt, dass alle Ahnen ihren ordnungsgemäßen Platz gefunden haben und die ihnen gebührende Wertschätzung aus dem göttlichen Licht annehmen konnten, lassen Sie in Ihrer Vorstellung dieses Licht von Himmel und Erde allmählich weniger werden, bis es schließlich versiegt. Danken Sie allen Kräften, die Sie bei diesem Ritual unterstützt haben, und löschen Sie als Zeichen seines Endes die Kerze. Sie können gern noch einige Augenblicke still sitzen bleiben, um dem nachzuspüren, was gerade passiert ist.

Nachbereitung

◉ Sie können Ihren kleinen Altar mit dem Stein für die nächsten Tage so stehen lassen. Damit schaffen Sie sich einen Anker, der Sie immer wieder an dieses Ritual erinnert. Sie können dabei auch gelegentlich vor diesem Altar Platz nehmen und sich mit dem Stein und damit mit Ihrem Ahnenfeld verbinden. Sie können an diesem Altar meditieren und um weitere Heilung Ihres Ahnengefüges bitten. Auch die Lichtsäule können Sie dabei jedes Mal erneut visualisieren und spüren, wenn Sie das möchten.

◉ Wenn Sie nach ein paar Tagen bemerken, dass diese Phase der Arbeit und Aussöhnung mit den Ahnen zu Ende geht, können Sie den Stein auch entfernen. Sie können ihn zurück in die Natur bringen, zu dem Platz, von dem Sie ihn geholt haben, oder an einen anderen Ort, den Sie mögen. Entlassen Sie ihn dabei aus seiner Stellvertreterfunktion, indem Sie zu ihm sagen: »Du bist jetzt wieder ein Stein und nur ein Stein.« Ihre vernachlässigten Ahnen sind ja mittlerweile im geistigen Ahnenfeld angelangt und brauchen dieses »Zuhause« im Stein nicht mehr. Er war nur ein Stellvertreter während des Rituals.

◉ Natürlich können Sie ihn auch weiter in einem Bezug zu Ihren Ahnen lassen, wenn Sie das möchten. Vielleicht bringen Sie ihn dafür auf den Friedhof, auf dem ein Teil Ihrer Ahnen ruht. Es kann auch ein anderer Familienplatz sein, vielleicht ein Grundstück oder ein Garten, der Ihrer Familie seit Generationen gehört, oder ein Lieblingsausflugsort, den die Familie häufig gemeinsam besucht hat. Wenn Sie das Gefühl haben, dass das Thema der Ausgestoßenen in Ihrer Ahnenreihe mit Krieg zu tun hat, können Sie den Stein auch zu einem Kriegsopferdenkmal bringen. Wo auch immer Sie den Stein ablegen, entlassen Sie ihn wie beschrieben aus seiner Funktion und bitten Sie die geistige Welt noch einmal, fortan für Ihre Ahnen zu sorgen und das Feld immer weiter zu vervollständigen, zu klären und zu erhellen.

Nun haben Sie das erste wichtige Ritual kennengelernt, wie ich es in meinen Seminaren zum Ahnenthema mit den Teilnehmern durchführe. Sicherlich ist eine solche Arbeit im Rahmen eines Seminars leichter als allein zu Hause. Doch auch dort kann sie sehr wirkungsvoll sein, vor allem wenn Sie sich ausreichend Zeit dafür nehmen und achtsam und konzentriert bei der Sache sind. Mir haben schon einige Klienten davon berichtet, dass sie »meine« Ahnenrituale für sich selbst zu Hause zelebriert und dabei tiefe Einsichten gewonnen und beeindruckende heilsame Erfahrungen gemacht haben.

Gehen Sie am besten so vor, dass Sie sich die oben stehende Anleitung mehrmals genau durchlesen, bis Sie die einzelnen

Schritte verinnerlicht haben. Dann können Sie das Ritual fließend auf Ihre Weise gestalten, ohne erneut nachlesen zu müssen. Es geht ja bei einem solchen Ritual nicht darum, alles exakt so zu machen, wie es Ihnen jemand vorgegeben hat. Vielmehr ist es wichtig, die grundlegende Absicht zu verinnerlichen und den symbolhaften Weg zu kennen, diese Absicht rituell umzusetzen. In einem Ritual wandelt sich etwas – und genau das sollte Ihr Handeln und vor allem Ihr Empfinden im Ritual kreieren und erlebbar werden lassen.

In der folgenden Übersicht finden Sie noch einmal die wesentlichen Etappen des ersten Rituals zur Vervollständigung des Ahnenfeldes in Stichworten, an denen Sie sich rasch orientieren können, sobald Sie das Grundprinzip verinnerlicht haben.

Das erste Ritual im Überblick
Die Ausgestoßenen ins Ahnenfeld zurückholen

- Einen **Stein** suchen, der all die Ausgestoßenen Ihres Ahnenfeldes repräsentieren wird. Sie können ihn waschen und räuchern und Kontakt zu seinem Wesen aufnehmen.

- Einen angenehmen **Raum** gestalten und einen **Altar** mit einer Kerze einrichten.

- Einen **heiligen Raum** schaffen – beispielsweise durch Räuchern, die vier Himmelsrichtungen, Himmel und Erde einladen und um Unterstützung bitten.

- Zur **Ruhe** kommen und sich zentrieren.

- **Anliegen** bewusst machen: Sie wollen all die Menschen in den Kreis Ihrer Vorfahren zurückholen, die ausgestoßen, verdrängt oder vergessen wurden.

- Verbindung mit **spirituellem Ahnen** oder einem anderen geistigen Gefährten aufnehmen und um Unterstützung bitten.

- Mit dem Stein in der Hand sich auf all die Ausgestoßenen konzentrieren und die **Energie in den Stein fließen lassen.**

- Stein auf den **Altar** legen.

- Sich mit Himmel und Erde verbinden und eine **goldene Lichtsäule** durch den Stein fließen lassen. Sie bitten darum, dass all die Ausgestoßenen in diesem Licht rehabilitiert werden und ihren Platz im Ahnenfeld erhalten.

- **Dank** an alle Kräfte, die Sie unterstützt haben.

- **Kerze löschen**, Ritual beenden.

- Den Altar mit dem Stein als **Erinnerungsanker** ein paar Tage stehen lassen. Dort können Sie sich erneut mit dem Ahnenfeld und der Lichtsäule verbinden.

- Später Stein aus seiner Stellvertreterfunktion entlassen und in die Natur oder an einen Ahnenplatz bringen.

Sie haben nun ein vollständiges Feld, und es wirkt bereits jetzt in seiner umfassenden Form. Doch es gibt darin natürlich nicht nur Sonnenschein und Liebe, sondern auch jede

Menge Leid, Schicksal und Verstrickungen der Menschen untereinander. Während des Weiterlesens können Sie sich immer wieder mit Ihrem spirituellen Ahnen verbinden und auch die Lichtsäule aus dem Ritual imaginieren. Sie sind Mittler zwischen den Welten, Sie sind eingebettet im Gefüge von oben und unten, in der Gegenwart verbunden mit Ihren Wurzeln biografischer und spiritueller Natur.

Schicksal im Ahnenfeld

Wenn Sie in der Geschichte zurückschauen, dann sehen Sie dort sehr viel Leid: Krieg mit seinen vielfältigen Folgen und anderen Schmerz. Wenn Sie ein bisschen genauer hinschauen, dann wird Ihnen bewusst, dass es Menschen waren, die dieses Leid ausgelöst, erlebt und erlitten haben – sehr viele einzelne Menschen. Schauen Sie noch näher hin, dann wird Ihnen bewusst, dass auch Ihre Vorfahren unter diesen Menschen waren. Das schwere kollektive Leid wird auf diese Weise persönlich, es rückt nahe an Sie heran.

Eng verwoben mit dieser Ebene, die ganze Völker und Regionen betrifft, sind die persönlichen Schicksale: Krankheit, Unfälle, der Verlust eines Kindes, Untreue und Trennungen, Todesfälle in der Familie, Verwaisung, Mord und Totschlag, Alkoholismus, Verleumdung … – all dies widerfährt Menschen seit Anbeginn ihrer Existenz und prägt sie nachhaltig. Dies gilt genauso für Ihre Vorfahren, die davon eine individuelle Portion tragen mussten, als Opfer ebenso wie als Täter.

Wenn wir uns mit dem Feld unserer Ahnen beschäftigen, stoßen wir auf sehr viel Leid. Als Oberbegriff hat sich dabei »schweres Schicksal« geprägt. Es fasst all die kleinen und großen Schrecknisse zusammen, die Menschen erfahren. Systemisch denkende Psychologen und Therapeuten haben ebenso wie schamanisch Tätige längst erkannt, dass sich solche Schicksalsschläge in ihren Auswirkungen nicht nur auf die direkt betroffene Generation beziehen. Es ist ganz unweigerlich so, dass auch die nachfolgenden Generationen von den Folgen betroffen sind. Speziell bezogen auf die vielschichtigen Folgen der beiden Weltkriege untersuchten beispielsweise Hartmut Radebold und seine Mitherausgeber diese Zusammenhänge in der Aufsatzsammlung »Transgenerationale Weitergabe kriegsbelasteter Kindheiten«.

Ich hatte bereits beschrieben, dass sich umfassende Prägungen durch Eltern und Großeltern, Glaubenssätze oder Weltanschauungen, auf die Kinder übertragen – und diese Dinge sind naturgemäß von erlebter Schwere gefärbt. Das Phänomen ist aber noch ungleich größer und weitreichender: Nicht selten wiederholen nämlich nachfolgende Generationen genau das, was ihren Vorfahren geschehen ist. Anne Ancelin Schützenberger spricht in ihrem Buch »Oh, meine Ahnen! Wie das Leben unserer Vorfahren in uns wiederkehrt« von vererbtem Schicksal und geht in Beispielen bis zur Französischen Revolution zurück. Eine solche »Vererbung« kann viele Gesichter haben: Vielleicht werden aus letztlich unerklärlichen Gründen Beziehungen immer wieder abgebrochen, bevor sie sich festigen können. Oder es wird von

Generation zu Generation immer wieder etwas aufgebaut – und dann ist es plötzlich weg, zerstört. Urgroßvater, Großvater, Vater und dann auch Sohn machen vielleicht ganz gute Geschäfte und verschulden sich dann doch immer wieder. Ebenso scheint es sich zu »vererben«, gute Ideen am Ende nicht umsetzen zu können, einfach nicht zum Erfolg zu kommen und etwas durchhalten und eine Unternehmung wirklich aufbauen zu können. Aber auch Krankheiten werden übernommen oder auffällige Familienkonstellationen wiederholt.

Besonders faszinierend sind in diesem Zusammenhang Jahrestagsphänomene: Auf unerklärliche Weise wiederholen sich Schicksalsbegebenheiten über die Generationen hinweg an immer dem gleichen Tag oder im gleichen Lebensalter. Großmutter, Mutter und auch Tochter verlieren beispielsweise alle in ihrem 28. Lebensjahr ein Kind. Männer aufeinanderfolgender Generationen nehmen sich im gleichen Lebensalter, mitunter sogar, ohne es zu wissen, am gleichen Tag, das Leben. Schützenberger schreibt auf Seite 60 des erwähnten Buches: »Wenn man ein Individuum heilt, ohne an das Ganze der Familie zu rühren, wenn man nichts von transgenerationalen Wiederholungen verstanden hat, hat man in der Therapie nicht viel ausgerichtet. Dann ist manchmal nur ein besseres Provisorium hergestellt.«

In der schamanisch therapeutischen Weise, in der ich arbeite, wird diesen tieferen, oftmals sehr subtilen Zusammenhängen Rechnung getragen. Denn die energetische Ebene, auf der dabei angesetzt wird, bezieht notwendigerweise immer alle Faktoren, die wirken, ob sie bewusst sind oder nicht, mit ein. Sie können Heilung bewirken, indem Sie sich Ihren Ahnen als einem Feld nähern, das von Knoten, Unregelmäßigkeiten und gähnenden Untiefen durchzogen ist. Gerade deshalb ist schamanische Arbeit so besonders wertvoll. Das Wissen der Schamanen und die aktive Gestaltung von Ritualen lässt Möglichkeiten entstehen, Dinge energetisch zu ordnen – ein bewusstes Bewegen von Kräften.

Mit den folgenden Übungen und insbesondere den Ritualen wirken Sie ordnend und lösen all die Verstrickungen von dieser Ebene her auf. Sie verstehen sich dabei ganz bewusst als Teil des Feldes und nutzen alle gegebenen Möglichkeiten zur Heilung. Ihre innere Haltung besagt: »Heute stehe ich hier und löse das, was in der Vergangenheit schiefging. Ich erschließe mir so die Kraft des Ahnenfeldes, dessen Teil ich bin. Meine Ahnen sind dafür ebenso dankbar wie ich.«

Schwere wird individuell empfunden

Auch wenn Sie wahrscheinlich eine eigene Vorstellung davon haben, was sich hinter dem Begriff des schweren Schicksals verbirgt, und wenn Sie bereits wissen oder ahnen, welche Formen davon auf Ihre Vorfahren zutreffen, kann Ihnen die folgende relativ genaue Auflistung zeigen, was sich alles hinter diesen Worten verbirgt. So fallen Ihnen sicher bereits eigene Bezüge zu Ihrem Familiensystem auf. Es kann durchaus sein, dass viele Ihrer Verwandten bestimmte Formen des Leids ignorieren, herunterspielen oder als Bagatelle darstellen. Auch dies wird meist ungeprüft von den anderen im System übernommen. Dennoch aber wirken diese Ereignisse nach.

Ein Klient, Mitte fünfzig, allein lebend und als Selbstständiger beruflich sehr stark eingespannt,erzählte mir beispielsweise, dass seine Eltern, als er etwa zwei Jahre alt war, kurz davor waren, sich wegen einer Affäre des Vaters zu trennen. Er erwähnte es beiläufig und hatte auch auf meine Nachfrage nicht das Gefühl, dass dies eine große Sache sei, da dies ja schließlich häufig passiere und sie am Ende wieder zusammengekommen waren. Er hatte es bagatellisiert, so wie seine Eltern dies auch getan hatten – die ihm später wie nebenbei einmal erzählt hatten, was für eine schwere und von Streit und Tränen geprägte Zeit das gewesen war. Tatsache ist aber, dass das Elternpaar zu dieser Zeit emotional stark aufgewühlt und letztlich mit sich und seinen Beziehungsthemen beschäftigt gewesen sein musste. Überspitzt formuliert, hatte der Junge in diesem zarten Alter nicht mehr wirklich Eltern, die für ihn da waren. Sicher wurden in dieser Zeit seine rein körperlichen Bedürfnisse erfüllt. Aber auf der emotionalen Ebene wurde er alleingelassen oder sogar unterschwellig in den emotionalen Strudel seiner Eltern hineingerissen. Dieser Zusammenhang und seine Folgen waren dem Klienten bislang überhaupt nicht aufgefallen. Ihm wurde klar, dass er wohl auch deswegen einerseits von früh an sehr eigenverantwortlich war, zugleich aber auch niemanden wirklich nah an sich heranlassen und zu kaum jemandem Vertrauen aufbauen konnte.

Aus meiner Erfahrung kann es sich auch anders verhalten, nämlich dass Menschen manchmal aus einem inneren Zwang heraus um eine Kleinigkeit viel Theater machen müssen. Nur so ist es ihnen möglich, das darunterliegende Thema zu vermeiden, den darunterliegenden Schmerz nicht zu spüren, nicht darüber reden zu müssen, es vergessen zu können. Oder das große Theater ist ein Ventil für etwas anderes.

Tatsache ist, dass Menschen Schicksalhaftes auf ganz unterschiedliche Weise empfinden und verarbeiten. Ab wann etwas schlimm, dramatisch und tatsächlich schwer ist, lässt sich nicht verallgemeinern. Sehr viele Menschen haben auch Krieg und Gefangenschaft recht gut überstanden, während andere zu Friedenszeiten und in gesicherten Verhältnissen extrem schwer zu leiden haben, wenn eine kurze Beziehung zu Ende geht. Niemand sollte dies bewerten. Jeder hat seine Gründe, auf seine Weise zu reagieren.

Die vielen Formen schweren Schicksals

Die folgenden Begriffe stehen alle für schweres Schicksal. Manche davon mögen leichter zu tragen sein als andere, sie alle aber bilden Hinweise darauf, dass im Ahnenfeld etwas in Unordnung geraten sein muss, was der Lösung bedarf:

Kriegsgeschehen

- Kriegshandlungen, ob man sie als Soldat erlebt, als zu Hause gebliebener Angehöriger der angreifenden Nation oder als Teil des angegriffenen Landes. Das Erleben der

Toten und Verletzten, des Tötens und der eigenen
Täterschaft, das Opfersein
- Kriegsverletzungen
- Kriegsgefangenschaft, Folter, Todesangst
- Verfolgung, Flucht, Vertreibung, Verlust von Heimat
  und Gütern, abgewiesen und fremd sein
- Hunger, Armut, Not, betteln oder stehlen müssen

Familie

- frühe Verwaisung
- Lieblosigkeit in der Familie, Gewalt, Missbrauch
- Sprachlosigkeit in der Familie
- Vergewaltigung
- als Kind weggegeben werden
- in früheren Generationen: uneheliche Kinder
- eine Liebe, die nicht gelebt werden durfte
- Untreue, Ehebruch, Affären, Verrat, Illoyalität
- Trennungen
- nicht bewältigte Abschiede
- Tod eines Kindes, Fehlgeburt, Abtreibung
- ungewollte Kinderlosigkeit
- Koabhängigkeiten bei Alkoholikern oder anderen
  Drogenabhängigen
- Krankheit, Behinderung und Tod des Partners
- Suizid
- Straftaten von Familienangehörigen

Persönlichkeit

- Opfersituationen, Ohnmachtserfahrungen
- Verachtung, Missachtung, Gesichtsverlust
- Lüge, Verrat, Missgunst
- nicht erwiderte Liebe
- plötzliche Schocks
- Krankheit, psychische und physische, Behinderungen
- Unfälle
- Alkoholismus, Drogenabhängigkeit
- eigene Schuld
- Ruin, finanzieller und geschäftlicher Bankrott
- Arbeitslosigkeit, berufliches Scheitern
- Armut
- eigene Straftaten

Gesellschaft

- politische oder religiöse Verfolgung
- Illegalität
- Heimatlosigkeit, Verbannung, vogelfrei sein
- Fremdbestimmung

Jeder von uns kann spüren, was dies alles bedeutet, auch wenn er den Großteil davon im eigenen Leben nicht erfahren musste. Wir alle sind menschliche Wesen, die über ein Feld miteinander verbunden sind. Die Empathie lässt uns sehr direkt miterleben, was einem anderen Menschen widerfährt. Spiegelneuronen in unserem Gehirn machen es möglich, dass wir unmittelbar miterleben, was ein anderer Mensch – und sei es nur in einem Film oder auf dem Foto einer Reportage – durchmacht. Unser Gehirn reagiert darauf so, als würde es uns selbst geschehen, wenngleich wir natürlich jederzeit die Möglichkeit haben, uns etwas anderem zuzuwenden und das Miterleben damit zu beenden. Die Intensität der Erfahrung ist zweifellos nicht die gleiche. Aber wir brauchen nicht selbst einen Krieg erlebt zu haben, um zu wissen, welches Grauen ihn ausmacht. Wir müssen nicht selbst von unseren Eltern verstoßen werden, um zu fühlen, wie vereinsamt und verzweifelt, verletzt und ratlos sich ein Kind fühlt, dem dies widerfährt.

Aus dem schweren Schicksal sind die persönlichen Muster der Generationen vor uns entstanden, und auf der energetischen ebenso wie auf der individuell biografischen Ebene können wir hier und heute diese Muster lösen.

Den Lebensfluss wieder ins Fließen bringen

Mit meiner schamanischen Ahnenarbeit biete ich einen Weg an, auf das Schicksal der Vorfahren zu schauen, ohne von Schmerz überwältigt zu werden. Sie wissen, dass Sie diese Dinge nicht selbst erlebt haben. Sie können sich daher Ihren Abstand zu den früheren Geschehnissen bewusst machen und damit beginnen, den stockenden oder strudelnden Lebensfluss wieder zu harmonisieren.

Sie werden im Folgenden einige Möglichkeiten kennenlernen, auch parallel zu den großen Ritualen, die das Zentrale der Ahnenarbeit in der hier vorgestellten Weise bleiben, mit all den Verstrickungen und dem schweren Schicksal in Ihrem Stammbaum umzugehen. Die Absicht ist nach wie vor, Energien spürbar zu machen und immer mehr Licht und Bewusstheit in dieses Feld gelangen zu lassen, sodass es eine tragende und stützende Kraft für Ihr Leben und natürlich auch Ihre noch lebenden Verwandten wird.

Wann immer Sie während dieses Prozesses das Gefühl bekommen, die Beschäftigung mit Ihren Ahnen überfordert und belastet Sie zu sehr, sollten Sie das Forschen unterbrechen und sich erst einmal um sich selbst kümmern. Sie können beispielsweise Ihren spirituellen Ahnen um Unterstützung anrufen, sich still hinsetzen und darauf lauschen, was Sie von ihm für Wahrnehmungen und Hinweise bekommen.

Die folgende Fantasiereise ist eine Reinigung für Ihr gesamtes System, die Sie wieder ganz mit sich selbst und den Kräften der Natur verbindet. Auf dieser Basis können Sie dann, wann immer Sie sich bereit fühlen, weiterarbeiten. Und was Sie sicherlich auch bei einer momentanen Überlastung spüren werden, ist, dass der Weg insgesamt ein erleichternder und positiver ist.

Eine Seminarteilnehmerin, sie war damals Anfang zwanzig und studierte Medizin, fasste ihre erstaunlichen Erfahrungen so zusammen: »Ich hatte immer schon recht lebendige Träume, doch eine Zeit lang wurde ich von einem sehr real wirkenden Traum regelrecht verfolgt. Über Monate hinweg durchlebte ich im Traum immer wieder dasselbe Szenario: Ich befand mich in einem Konzentrationslager – als Gefangene. Ich sah das Grundstück, die heruntergekommenen Baracken, die anderen Insassen, Alte wie auch Junge, die Wärter in ihren Uniformen, ich hörte die Menschen um mich herum, ich spürte die Angst. Die Wärter trugen alle die gleichen SS-Uniformen. Plötzlich kamen sie auf uns zu, einer zog eine Pistole aus seiner Gürteltasche und hielt sie mir an die Schläfe. Ich war starr vor Angst. Er drückte ab, und ich spürte, wie sich die Kugel in meinen Kopf bohrte. Ich fiel zu Boden. Der Kopfschuss brachte mich aber nicht um, ich blieb am Boden liegen und harrte in Todesangst aus. Es fühlte sich schrecklich an, auf dem dreckigen Boden eines KZs zu liegen, erfüllt von Todesangst, aber nicht zu sterben … Mein Anliegen an das Ahnenseminar war es, mich von diesen beklemmenden KZ-Träumen und der damit verbundenen Energie zu befreien. In einer der schamanischen Reisen dort erlebte ich dann eine Art Grundreinigung. Während der ganzen Reise sah ich alles lichterloh brennen. Feuer und Flammen überall. Mir wurde richtig heiß, es kam mir so vor, als würde ich innerlich verbrennen, aber auf eine sehr befreiende Art und Weise. Wieder im klaren Bewusstseinszustand angekommen, war ich sehr erschöpft, aber unglaublich befreit. Nach dem Ahnenseminar hatte ich nie wieder einen solchen Traum.«

Eine ähnliche Befreiung kann die folgende Fantasiereise für Sie darstellen. Unternehmen Sie sie – auch völlig unabhängig von der Beschäftigung mit Ihren Vorfahren –, wann immer Sie sich überfordert fühlen und neue Kraft brauchen.

 Fantasiereise

Eine umfassende innere Reinigung

Such dir einen ruhigen Platz und stelle sicher, dass du auf deiner Reise nicht gestört wirst. Es geht jetzt nur um dich und darum, dich ganz von allem zu reinigen, was dich belastet und was nicht zu dir gehört. Es geht darum, aufzutanken und neue Energie zu gewinnen. So manches, womit du dich in der letzten Zeit beschäftigt hast, nimmt dich vielleicht etwas mit. Fühlt sich in deinem System disharmonisch an oder macht dich unruhig. All das kannst du jetzt abgeben, um wieder frei zu sein.

Achtsam lässt du dich in einen Sessel oder auf eine Liege sinken und nimmst erst einmal deinen ganzen Körper wahr. Du beobachtest absichtslos deinen Atem, lässt ihn kommen und gehen und spürst, wie dein Körper dort sitzt oder liegt. Du hüllst ihn ein mit deinem Atem, der kommt und geht in seinem eigenen Rhythmus.

Nach und nach können alle Gedanken, die dich hin und wieder ablenken, weiterziehen, sodass du mit deiner Aufmerksamkeit nun ganz in den Füßen und Beinen bist, sie etwas anhebst und dann fallen lässt. Dann, ganz langsam und mit Bedacht, spannst du deine Hände noch einmal an, um sie sich dann ablegen zu lassen. Du schließt deine Augen.

In dir fühlst du die Gewissheit, dass dir die Kräfte der vier Elemente zur Verfügung stehen, um dich von körperlicher Schwere,

von belastenden Gedanken und von allen nicht zu dir gehörenden Gefühlen zu reinigen. Mit ihrer Hilfe kannst du alles zurücklassen, was nicht zu dir gehört.

Während du nun möglicherweise immer mal wieder auftauchende Gedanken weiterziehen lässt, folgst du deinem Atem.
Indem sich dein Rücken immer mehr der Unterlage oder der
Lehne anvertraut, wird dein innerer Blick frei für eine heilsame
Reise. So erblickst du vor deinem inneren Auge einen wunder-
baren Platz in der Natur, der warm und sanft von der Sonne
beschienen wird. Leise streicht der Wind über deine Haut, und
mit deinem Rücken lehnst du jetzt an einem Baum, der dir Halt
und Zuversicht gibt. Du spürst, wie dein Rücken breit und weiter
wird, dabei kannst du die Umgebung wahrnehmen, deutlich
oder etwas diffus. Du bist hier, um dich reinigen zu lassen von
allem Schweren und von allem, was nicht zu dir gehört.

Möglicherweise willst du aber auch ganz bestimmte Dinge
zurücklassen. Vielleicht die überzogenen Erwartungen anderer
an dich. Oder Auffassungen vom Leben, die du nicht mehr teilen, nach denen du nicht mehr leben willst.

Entspannt bist du angelehnt, die Erde ist unter dir spürbar,
und du weißt, dass sie dich trägt. Du fühlst dich aufgehoben und
geborgen.

Es könnte sein, dass genau jetzt dein spiritueller Ahne, deine
spirituelle Ahnin zu dir kommt und dir anbietet, dich bei deinem
Reinigungsritual zu unterstützen. Dein Helfer setzt sich zu dir,
und so bist du noch einmal mehr unterstützt. Im Rücken bist du
verbunden mit dem Stamm des Baumes, unter dir ist die tragende Energie des Bodens.

Das Element Erde ist dir ganz nah, es trägt und stützt dich. Vielleicht magst du dich etwas tiefer sinken lassen, um dich noch fester mit der Erde zu verbinden. Du spürst sie auch mit deiner Haut und öffnest in Gedanken sogar deine Poren, die Eingangspforten deiner Haut, sodass die Kräfte der Erde ganz und gar zu dir können und dich mit dem Erdelement auch im Inneren verbinden. Du erlebst Erde außen und du erlebst sie in dir. Ihre lebendigen Kräfte strömen in dich ein, sodass du nicht anders kannst, als alles aus dir herausströmen zu lassen, was an Schwerem, Schädlichem und Fremdartigem in dir war. Du lässt es aus dir herausfließen, zurück in den Kreislauf alles Lebendigen. Bereitwillig lässt du den Austausch geschehen, froh, Ballast abgeben und neue Energie aufnehmen zu können. Du lässt dich vollständig regenerieren vom Element Erde.

So spürst du, wie so vieles aus dir herausfließt und dein Körper leichter und freier wird. Gleichzeitig liegt die Ruhe der Erde in dir. Das Element Erde in seiner vollkommenen Reinheit ist Teil von dir, während dein geistiger Helfer dich nun ganz sacht am Arm berührt, denn nun kannst du dich auch dem Element Wasser zuwenden.

Er hilft dir beim Aufstehen und begleitet dich zu einem kleinen Bach, gleich nebenan. Gluckernd und lebendig, ständig in Bewegung ist das Wasser, genau wie die Erde ist es ein Träger des Lebens. Wenn du möchtest, kannst du mit den Füßen hineingehen in diesen Bach oder mit deinen Händen das klare, reinigende Wasser über deinen Körper verteilen, ihn abwaschen und alles abfließen lassen, was dich daran hindert, ganz du selbst zu sein. Oder du gleitest gleich komplett hinein ins reinigende Wasser, lässt dich tragen und sanft umspülen, überlässt dich ein wenig dieser energiespendenden Kraft und treibst auf seiner Oberfläche dahin. Das Wasser in seiner Allverbundenheit ist für dich da und wäscht alles ab, was schwer auf dir lastet und abgelöst sein will.

Und auch hierbei öffnest du deine Poren und auf besondere Weise spürst du die befreiende und pure Energie, die deinen Körper jetzt durchströmt, um alles aus ihm herauszuspülen, was ihn sonst behindern würde. Du lässt all dieses Alte und Schwere von dir abfließen. Die Lebendigkeit und Beweglichkeit des Wassers energetisiert dich. Wasser ist Leben, Wasser fließt in allen deinen Zellen, es macht dich vital und heiter, sodass du jetzt hinaus ans Ufer trittst, um diese Lebendigkeit und Frische ganz und gar zu spüren.

Wieder festen Boden unter den Füßen, nimmst du nun auch bewusst den grenzenlosen Raum des Himmels über dir wahr. Vielleicht magst du die Arme zu ihm ausstrecken, dich dehnen und deinen Brustkorb weit machen, um die leichte Brise besser zu spüren und sie förmlich zu umarmen. Der Hauch des sanften Windes weht über deine Haut und reinigt dich so auf seine Weise. Du kannst das zarte Ziehen an deinen Haaren spüren. Vielleicht ist es aber auch ein leichter Sturm, der über dich und durch dich hindurchbläst und alles wegnimmt, was nicht mehr bei dir bleiben soll.

Deine Lungenflügel lassen den Atem strömen, ohne dass du etwas tun musst. Der Strom der Luft fließt in dich hinein, und jede deiner Zellen reichert sich mit Sauerstoff an, damit sich nach und nach alles gereinigt und frisch und gut anfühlt. Du genießt die Leichtigkeit in dir und um dich herum. Du nimmst deinen Atem wahr, der nach dieser Reinigung ruhig und gleichmäßig ist.

Auch dein spiritueller Ahne steht ruhig und aufrecht neben dir. Du bemerkst mit Freude seine Gegenwart, seine Ausstrahlung des Wohlwollens, die zu dir hinüberfließt.

Genau wie die Strahlen der Sonne, die dich sanft wärmen. Als wäre sie dir gerade erst aufgegangen, kannst du die Wärme und die reinigende Kraft des Lichtes spüren. Deine Poren und deine Zellen öffnen sich diesem Wohlgefühl, um noch den letzten Rest von dem in dir wegschmelzen zu lassen, was überflüssig geworden ist. Raum für das Neue entsteht, für Begeisterung und energievolles Strahlen. Für das Strahlen deines eigenen Lichtes. Die Wärme der Sonne dringt bis tief hinein in dein Herz. Die Kraft des Sonnenfeuers wärmt dich, und du nimmst das Klopfen deines Herzens wahr: Es schlägt für dich, für dein Leben. Es schlägt in Liebe für das Leben selbst, für das Leben aller Wesen. Seine heilende Kraft dehnt sich wie Sonnenstrahlen in deinem Körper und über deinen Körper hinaus aus. Liebe strahlt aus jeder Pore deines Wesens. Es gibt nichts mehr zu tun. Du bist lebendig, frisch, ruhig und ganz bei dir.

Langsam wird es Zeit, den Elementen und auch deinem spirituellen Ahnen, deiner spirituellen Ahnin für diese reinigende und stärkende Erfahrung zu danken und dich zu verabschieden. Du kommst mit einem tiefen Atemzug zurück in deinen Körper, den du nach Herzenslust dehnen und strecken kannst, um wieder ganz im Alltag anzukommen. Du bewegst deine

Glieder und rekelst dich, um dann in deiner Zeit die Augen zu öffnen. Die strahlende Kraft in deinem Herzen wird dich weiterbegleiten.

Auf diese Art gereinigt und gestärkt, können Sie wieder an die Ahnenarbeit gehen und sich beispielsweise konkret Verstrickungen zuwenden.

Verstrickungen lösen

Als Verstrickungen bezeichne ich all die unsauberen Energiegefüge, die zwischen Menschen irgendwann einmal entstanden sind. Und ganz natürlich ist es so, dass all die unter »schwerem Schicksal« aufgezählten Leidensformen Menschen miteinander auf eine destruktive Weise verbinden können. Opfer und Täter bei Gewalt. Partner und Partnerin sowie eine dritte Person bei einem Verrat oder dem Bruch eines Treuegelübdes. Onkel und Nichte bei einem Missbrauch. Geschwister in einem sehr heftig geführten Erbstreit und so weiter.

Es gibt ganz offensichtliche Verstrickungen, aber es gibt auch sehr subtile Formen, die niemandem bewusst sind. Solche Verstrickungen sind wie umherschleichende Gespenster. Nicht greifbar, nicht offensichtlich und doch irgendwie unangenehm spürbar. Man muss erst herausfinden, woher ein ungutes Gefühl kommt, eine belastende Stimmung und was letztlich im Argen liegt.

Verstrickungen haben die vielfältigsten Gesichter: Sie entstehen beispielsweise, wenn ein Kind seinen geliebten Vater nicht mehr lieben darf, weil die Mutter sich von ihm getrennt hat oder er die Familie verlassen hat. Wenn Geschwister von verschiedenen Vätern stammen, ohne dies zu wissen. Wenn Ängste übernommen werden und etwas stellvertretend für Verwandte und Vorfahren ausgelebt wird. Ebenso wenn eine Mutter einem toten Kind oder einer Fehlgeburt nachtrauert, ohne dass die späteren Kinder wissen, warum diese Schwere über der Familie liegt. Oder wenn der Geliebte einer Frau im Krieg fällt und sie daraufhin einen anderen Mann, der sich gerade anbietet, heiratet und mit ihm eine Familie gründet, eigentlich aber weiterhin den anderen Mann liebt. Durch all solche allzu menschlichen Dinge kommen Strudel und Unebenheiten, Verstrickungen und Verknotungen in die energetischen Schnüre des familiären Feldes.

Das gilt auch, wenn man einen Berufswunsch nicht verfolgt und stattdessen das lernt und arbeitet, was die Eltern sich erwartet hatten. Immer dann, wenn wir anders sein müssen, als wir eigentlich sind, ist schon ein Knoten im Ahnenfeld entstanden. Wenn jemand als musisch begabtes, feinsinniges und zartgliedriges Kind den elterlichen Bauernhof übernehmen muss, ohne das zu wollen, dann ist eine lange Kette an Schwierigkeiten vorprogrammiert. Das Gleiche gilt für religiöse und auch sexuelle Orientierungen, die gerade in früheren Jahrzehnten und Jahrhunderten sehr streng reglementiert waren.

Die Lösung auf
der energetischen Ebene

Bei all diesen Beispielen, die man um unendlich viele weitere
ergänzen könnte – sicher werden Sie in Ihrem eigenen Familiensystem fündig –, fällt eines sofort ins Auge: Die Dinge
sind so geschehen, wie sie geschehen sind. Daran lässt sich
nichts mehr ändern. Die Vergangenheit ist so, wie sie ist. Wie
also kann man hier anders lösend eingreifen als auf der Ebene
des Bewusstseins und der Energien? Wird auf dieser Ebene
gearbeitet, bleibt die Vergangenheit, wie sie war, doch die
Auswirkungen auf das Heutige verändern sich, ebben ab
oder lösen sich auf.

Zum Lösen von Verstrickungen ganz allgemein biete ich
Ihnen im Folgenden eine weitere Fantasiereise an. Sie funktioniert unabhängig davon, wie genau Sie sich Verstrickungen
in Ihrem Ahnensystem bewusst machen konnten oder wollten. Vorhanden sind sie in jedem Fall. Bei meinen Seminaren
begleite ich die Teilnehmer an dieser Stelle – wie auch an
einigen anderen – auf eine schamanische Reise. Für dieses
Buch aber habe ich mich für Fantasiereisen entschieden, da
ich Sie dabei detaillierter begleiten kann, ohne Sie, Ihre aktuelle Situation und auch den Verlauf Ihrer Reise zu kennen
und miterleben zu können. Wenn Sie das schamanische Reisen bereits nutzen oder erlernen möchten (Literatur- und
CD-Hinweise finden Sie am Ende des Buches), dann können
Sie mithilfe Ihres spirituellen Ahnen die vielfältigsten Reisen
bezüglich Ihrer Vorfahren unternehmen, ganz zentral natür-

lich auch zum Thema »Wie kann ich Verstrickungen in meinem Ahnensystem auflösen?«.

Es ist dabei und auch bei der folgenden Fantasiereise vollkommen gleichgültig, in welcher Generation sich eine Verstrickung befindet oder ob die männliche oder die weibliche Linie die größeren Knoten im Feld aufweist. All die gezielte biografische Arbeit, die ich Ihnen hier auch vorgestellt habe, dient dazu, Sie näher an Ihr Ahnenfeld heranzuführen und Ihr Bewusstsein für die dort wirkenden Kräfte zu schärfen. Erstaunlicherweise aber ist es überhaupt nicht entscheidend, wie weit Sie auf dieser Ebene vorangehen und wie tief Sie in die Erfahrungen der einzelnen Vorfahren eintauchen. Wichtig ist, dass Sie mit Ihrer Konzentration und Ihrer inneren Gewissheit den Fokus halten. Dass Sie mit Herz und Verstand dem Wirken der Energien im Ahnenfeld vertrauen. Denn es ist tatsächlich die Energie, die wirkt – und ihr Wirken beeinflussen Sie über die kleinen Bewusstmachungsübungen und die großen Rituale, die Sie hier finden.

In jedem Ahnenfeld gibt es unendlich viele Verstrickungen. Niemand würde jemals fertig werden, wenn er sie auf der rein psychologischen und biografischen Ebene auflösen wollte. Vieles wird sich niemals in Worte fassen lassen, manches werden wir stets nur vermuten können, anderes bleibt gänzlich verborgen. Doch all das wird dennoch einbezogen, wenn man energetisch, schamanisch vorgeht. Machen Sie sich also frei davon, alles wissen zu müssen.

 Fantasiereise

zum Lösen von Verstrickungen

Nimm dir etwas Zeit und such dir einen Platz, an dem du ungestört bist und dich wohlfühlst.

Mach es dir auf einem Stuhl oder einem Sofa gemütlich. Sorge dafür, dass du gut und bequem sitzt oder liegst.

Während du in deinen Körper hineinatmest, spürst du deine Hände und deine Arme, du kannst sie ein paarmal ganz sachte heben und senken, wenn du möchtest. Und dann lässt du sie sinken und beobachtest, wie sie sich entspannt auf der Unterlage ablegen.

Langsam wandert deine Aufmerksamkeit zu deinen Beinen und Füßen. Auch hier hältst du kurz inne und bewegst die Füße behutsam auf und ab. Dann ziehst du die Knie ein klein wenig hoch und lässt sie wieder fallen, zwei-, dreimal, auf und ab. Jetzt lässt du die Beine und Füße sinken, beobachtest, wie sie sich nach und nach an den Boden oder die Unterlage abgeben und wie sie sich entspannen.

So ganz entspannt sitzend, spürst du in dir noch immer die Bewegungen deiner Arme und Beine, das Auf und Ab, Auf und Ab. Ganz leise sind diese Bewegungen, wie ein Nachhall, und so schließt du die Augen und siehst, dass du an einem schönen Platz in der Natur bist. Du siehst einen Ort, der dir guttut, im hellen Sonnenlicht, unter deinen Füßen eine grüne Wiese und Bäume um dich herum. Eine leichte Brise streicht über deine

Glieder, die sich seltsamerweise etwas holprig bewegen, obwohl du eigentlich gar nichts tust. Neugierig verfolgst du die
Bewegungen deiner Füße und Hände, das irgendwie zackige,
ungelenke Auf und Ab deiner Arme und Beine.

Wenn du jetzt genau hinschaust, kannst du feststellen, dass
deine Handgelenke, die Ellbogen, die Schultern und auch die
Knie und Füße von feinen Fäden gehoben und gezogen werden.
»Bin ich denn eine Marionette?«, fragst du dich. Wenn du noch
genauer hinschaust, siehst du tatsächlich, dass diese feinen
Fäden nach oben führen.

Du bist verwundert. Was ist hier los? Deshalb schaust du
nach oben, denn du willst wissen, woher diese Fäden kommen
und wer sie irgendwo dort oben hält. Und da siehst du tatsächlich einige Wesen, auch wenn du sie nicht genau erkennen
kannst. Sie schauen aus den Wolken heraus und halten die
Fäden in der Hand, die hier unten an deinem Körper enden.
Ruhig und gelassen kommen dir diese Wesen vor, würdevoll und
still. Du weißt sofort: Sie gehören zu deinen Ahnen. Vielleicht
sind sie recht jung, wahrscheinlich aber gehören sie zu längst
vergangenen Zeiten und zu Generationen, die lange vor dir gelebt haben. Da oben zwischen den Wolken sitzen sie nun und
halten die Schnüre. Manche dieser Fäden führen direkt zu dir
nach unten. Andere gehen kreuz und quer durch die Luft, ver-
wickeln und verstricken sich und kommen doch irgendwann
hier unten an.

Jetzt haben sie deine Blicke bemerkt. Ihr schaut euch an. Und
als wären sie völlig erstaunt darüber, dass du sie so verwundert
anblickst, scheinen sie die Fäden lockerer zu lassen. Deine Be-

wegungen halten an. Du spürst die Stille, die in der Begegnung zwischen dir und diesen Ahnen liegt. Die Zeit hält an.

Du spürst allmählich wieder diesen schönen Ort, an dem du bist, und eine leichte, warme Brise, die dich einlädt, dich zu bewegen. Aus eigener Kraft, in eigener Verantwortung, eigener Freude. Dieser Ort scheint dir die Freiheit zu geben, die Offenheit, du selbst zu sein. Das Sonnenlicht wärmt angenehm deine Haut, und deine Füße fühlen das saftige Gras. Und weil es so schön und luftig und angenehm ist, nimmst du dir die Freiheit und beginnst, leicht und sanft deine Hände zu bewegen. Und zu deiner Verwunderung stellst du fest, dass die Fäden dich gar nicht mehr festhalten.

So bist du leicht belustigt dabei, deine Hände zu schütteln und leichte Kreise aus den Handgelenken heraus zu machen. Indem du die Handgelenke bewegst, folgt auch der Unterarm mit schlängelnden, weichen Bewegungen. Bis zum Oberarm hinauf setzt sich der Impuls fort, den du setzt. Dann ein leichtes Heben und Senken aus den Schultern, eine kleine Drehung nach vorn oder auch nach hinten – dein ganzer Arm beginnt zu tanzen in sich windenden, angenehmen Bewegungen. Und du bemerkst: Die Fäden lassen dir all die Freiheit, die du brauchst. Nur ganz selten einmal spürst du einen Widerstand, wenn eine Bewegung nicht so weitergeht, wie du sie tun wolltest, und der Faden sich spannt. Doch das stört dich nicht weiter, viel zu aufregend ist dieser Tanz.

Das Wiegen deines Armes nimmt bald deinen ganzen Körper mit hinein in seinen feinen, leichten inneren Tanz. Dein Brustkorb wiegt sich ganz leise hin und her, der andere Arm stimmt mit ein, und auch dein Becken folgt diesem Schwingen und Schaukeln. Hier in der Freiheit der Natur auf dieser herrlichen Wiese kommen auch deine Füße in Bewegung, das abgehackte Holpern ist zu einem weichen Schreiten geworden. Die Fäden von oben hängen nur ganz locker, nichts hindert deine freie Bewegung. Mit den Füßen tanzt du einen leichten, sanften Tanz, dein ganzer Körper wird von ihnen harmonisch bewegt getragen, und das leichte Schwingen nimmt sogar deinen Kopf mit.

Voller Freude schaust du wieder nach oben zu deinen Ahnen. Es könnte sein, dass dir einer von ihnen bekannt vorkommt, aber so genau sind sie vielleicht auch gar nicht zu erkennen. Du winkst hinauf, denn du weißt inzwischen: Ihre Fäden bewirken nichts mehr, du hast die Freiheit, hier im Licht des Daseins einfach nur zu sein. Da, wo du gerade bist, da ist die Freiheit, da ist deine Gegenwart.

Wieder winkst du zu den Ahnen hinauf, willst ihnen zeigen, dass du um sie weißt, und, ja, dass du es gut findest, dass sie da oben sind. Du zeigst dich in deinen natürlichen Bewegungen und deiner Leichtigkeit. Du winkst ihnen mit der Leichtigkeit deines Daseins zu.

Jetzt merken auch sie, dass sie diese Schnüre inzwischen ganz vergebens halten. Na, so was. Vielleicht kannst du erkennen, dass sie mit den Schultern zucken, sich gegenseitig verwundert anlachen, weil es gar keinen Sinn hat, sie zu halten. Einer fängt vielleicht an zu lachen, und wie durch ein Wunder, weil doch das Ganze ein bisschen absurd ist, stimmt einer nach dem anderen in dieses Lachen ein. Auch du bist davon angesteckt, du lachst zu ihnen hinauf, und es ist Freude pur.

Während ihr so lacht, siehst du, wie sich aus ihren Herzen feine Strahlen von goldenem Licht bilden. Sie fließen auf dich zu, auch wie Fäden, aber doch viel feiner, sanfter. Bänder der Liebe. Ganz weich umhüllen dich schon die ersten dieser Strahlen mit einer warmen Geborgenheit. Und du siehst, wie auch aus deinem Herzen ein solcher Strahl nach oben zu deinen Ahnen geht. Auf ganz neue Weise seid ihr verbunden, in diesen Strahlen der Liebe.

Jetzt weißt du auch, dass es Zeit ist, diese Schnüre zu entfernen, die überall immer noch kreuz und quer hängen. Deine Ahnen nicken dir aufmunternd zu, und so löst du langsam den Faden, der an deinem rechten Handgelenk befestigt ist. Ganz leicht geht das, fast hast du das Gefühl, dass sich das Material unter deinen Fingern auflöst. Und tatsächlich: Während du an den Fäden arbeitest, sie entknotest und löst, lösen sie sich im Licht der Liebe aus euren Herzen auf. All die Verstrickungen und Verknotungen verschwinden vollständig. Alle Fesseln lösen sich auf, als hätte es sie nie gegeben.

Du spürst deine Freiheit, die Freiheit, die hier überall in der Luft zu liegen scheint, und du könntest laut jubeln. Zugleich spürst du die Verbindung zwischen euren Herzen, eine sanfte Verbindung, die dich in deiner Gegenwart so sein lässt, wie du bist. Du hast allen Raum, deine Bewegungen in deinem Leben so zu gestalten, wie du es möchtest. Dabei weißt du, dass diese Wesen, deine Ahnen, stets irgendwo da oben sind. Und du kannst sicher sein, dass sie immer gern mit dir lachen, sich mit dir freuen und wohlwollend zu dir hinunterschauen. Du bist frei, deinen Weg zu gehen.

So nimmst du nun Abschied von den Wesen im Himmel, dankst ihnen für das, was ihr gerade miteinander erleben durftet: ein Wunder der Begegnung und der Befreiung. Du weißt, dass du sie jederzeit wiedertreffen kannst und dass du ohnehin liebevoll mit ihnen verbunden bist.

Du wirst dir nun wieder deines Atems bewusst, kommst mit deiner Aufmerksamkeit zurück in deinen Körper, kommst mehr und mehr bei dir an. Mit einem tiefen Atemzug bist du wieder ganz bewusst bei dir und orientierst dich in deinem Raum. Das Lachen deiner Ahnen wird dich weiter begleiten.

Aussöhnung mit den Vorfahren

Die Fantasiereisen in diesem Buch sind ebenso wie die Rituale geeignet, im gesamten Ahnenfeld zu wirken. Ohne sich um konkrete Personen, bestimmte Schicksale oder einzelne Verstrickungen Ihrer Vorfahren kümmern zu müssen, können Sie damit weitreichende Veränderungen bewirken. Diese Techniken sind aber auch dafür konzipiert, um sie auf konkretere Themen gezielt anzuwenden, wofür es zugleich noch eine Menge weiterer Methoden gibt.

Ahnenarbeit machen die meisten Menschen ja dann, wenn sie bei einem aktuellen Problem nicht weiterkommen und feststellen, dass die Ursache – und damit auch die Lösung – wahrscheinlich bei den Vorfahren liegt. In meiner therapeutischen Praxis erlebe ich das sehr häufig. Menschen haben wegen gesundheitlicher, beruflicher, wirtschaftlicher, familiärer oder anderer Probleme alles Mögliche versucht – ohne nachhaltigen Erfolg. Intuitiv oder durch irgendeinen Hinweis von außen kommen sie dann darauf, dass das Ganze etwas mit ihren Vorfahren und ihrem größeren Familiensystem zu tun haben könnte.

Da Sie zu diesem Buch gegriffen haben, gehe ich davon aus, dass Sie an einem ähnlichen Punkt stehen (außer Sie interessieren sich ganz allgemein dafür, Ihren Stammbaum energetisch zu bereinigen und sich selbst und möglicherweise auch Ihre Kinder damit zu stärken). Die folgenden Herangehensweisen eröffnen Ihnen Wege, aus familiensystemischer Sicht und in Bezug auf Ihre Ahnen an eine Lösung für aktuelle Schwierigkeiten heranzukommen.

Erkennen, anerkennen, erforschen, verändern

In meiner Arbeit hat sich beim Lösen von Schwierigkeiten ein Vorgehen in vier Schritten bewährt. Ich denke, dass es letztlich bei sehr vielen therapeutischen Vorgehensweisen im Hintergrund besteht. Es ist der Vierklang von Erkennen, Anerkennen, Erforschen und Verändern.

Es beginnt mit dem Erkennen: Von einer aktuellen Schwierigkeit ausgehend, wenden Sie sich den Vorfahren zu und prüfen, ob Sie einen Zusammenhang finden. Vielleicht reicht bei Ihnen das Geld nie aus – und Sie erkennen, dass das bei

Ihren Ahnen ganz ähnlich war. Oder Sie sind ärgerlich auf Ihre Mutter, die sich von ihrem Partner seit Jahren trennen will, es aber nicht tut – und Sie erkennen, dass es in Ihrer eigenen Beziehung letztlich genauso ist oder dass Sie das Gegenteil leben und sich immer zu früh trennen, nur um nicht das Muster Ihrer Mutter zu wiederholen. Der erste Schritt ist also das Erkennen: Was geschieht? Was wiederholt sich? Was wurde einfach ins Gegenteil verkehrt und dennoch nicht gelöst? Was sind die Muster, die im Familiensystem vorherrschen?

Die nächsten beiden Schritte, das Anerkennen und das Erforschen, wollen die meisten Menschen aus meiner Erfahrung gleich überspringen. Sie erkennen ein Muster und fragen sofort danach, wie sie es verändern, wie sie es loswerden könnten. So funktioniert es aber nicht. Es lassen sich nur die Dinge verändern, die man zuvor akzeptiert und in ihren Details erforscht hat. Diese beiden Schritte müssen dem Erkennen folgen, wenn sich etwas wandeln soll.

Das Anerkennen ist ein Akzeptieren dessen, was man erkannt hat. Das geschieht zum einen über den Verstand: »Okay, ich erkenne, dass es so und so ist, dass ich dieses und jenes Muster übernommen habe, dass ich aufgrund meines Familiensystems in diesen und jenen Schwierigkeiten stecke.« Auf der anderen Seite ist es etwas Emotionales: ein gefühltes Anerkennen. Sie spüren in sich hinein, erleben, wie es sich eigentlich in der Tiefe anfühlt, mit diesem Muster und diesem Thema zu sein. Das Wesentliche dabei ist, wertfrei mit dem zu sein, was da ist. Es hat sich aus unzähligen Gründen auf diese bestimmte Weise entwickelt. Es gibt dabei kein Richtig und kein Falsch. Es sind letztlich alles wirksame Energien, die sich in bestimmten Ausprägungen zeigen. So kann das Thema neutral betrachtet und innerlich erfahren werden – es wird in seinem Sosein akzeptiert.

Im dritten Schritt, der oftmals mit dem zweiten verschmilzt, folgt die detailliertere Betrachtung: Wie genau gehe ich mit diesem Muster in meinem Leben um? Was weiß ich darüber, wie es meinen Vorfahren damit ging? In welchen Lebensbereichen zeigt es sich? Wo lebe ich das Muster nicht oder wo lebe ich das Gegenteil davon? Das Erforschen vertieft das Anerkennen noch einmal. Solange Sie das Ganze nicht haben wollen, sind Sie in der Abwehr. Und aus der heraus können Sie es auch nicht verändern. Und Sie können auch nur etwas verändern, was Sie gut kennen. Auch darum ist das Erforschen so wichtig.

Sie können es gemeinsam mit dem spirituellen Ahnen in Angriff nehmen. Oder – ganz einfach – Sie setzen sich an einem freien Abend ruhig hin und stellen eine Art Brainstorming zum Thema an. Machen Sie es sich gemütlich, lehnen Sie sich in Ihrem Sessel zurück, damit Sie einen guten Halt spüren, und lassen Sie Ideen, Erinnerungen, Bilder und Gefühle einfach aufkommen. Gehen Sie nicht gleich weiter, wenn sich etwas zeigt, lassen Sie es ein wenig da sein und spüren Sie in sich hinein. Sie müssen mit den Stimmungen und Bildern, die aufkommen, nichts tun. Sie sind in der Phase des Erforschens und brauchen nur zu registrieren, was sich zeigt und was es bei Ihnen auslöst.

Das Verändern, der vierte Schritt, wird in den meisten Fällen durch die vorangehenden Schritte bereits unwiderruflich eingeleitet. Indem Sie sich rational und auf der Gefühlsebene mit den Zusammenhängen und Mustern befassen, passieren bereits ganz subtil kleine Veränderungen: in Ihrem Bewusstsein, in Ihren Gefühlen, in Ihren gedanklichen Grundsätzen, im energetischen Feld. All dies bewirkt schon einen Wandel. Der amerikanische Neuropsychologe Rick Hanson beschreibt in seinem Buch »Denken wie ein Buddha«, dass sich durch wiederholtes Denken zu einem Thema neue neuronale Wege bilden, die dann immer belastbarer werden.

Sich diese vier Schritte bewusst zu machen, kann Ihnen die Ahnenarbeit sehr erleichtern. Natürlich gehen sie ineinander über. Aber sie sind alle vier vorhanden, wenn die Aufarbeitung des Alten und die Aussöhnung mit den Vorfahren gelingen sollen. Nicht zuletzt kann es ein Teil des Erforschens sein, dass Sie sich immer wieder überlegen, welche übernommenen Eigenschaften und Muster Sie gern behalten und vielleicht sogar weiter ausbauen möchten. Vieles ist bereits auf den ersten Blick gut und wertvoll und macht Sie dankbar. Und es wird sicherlich weitere Dinge geben, die zunächst schwierig erscheinen, auf einen zweiten oder dritten Blick aber ein Geschenk enthalten. Vielleicht eine Gabe, die Sie mühsam entwickeln mussten, auf die Sie jedoch heute sehr stolz sind.

Eine Frau beispielsweise, die in ihrer Kindheit viel erdulden musste, merkte später, dass ihr daraus eine große Besonnenheit im Handeln erwachsen ist.

Anderes werden Sie entdecken, das einfach in keiner Hinsicht hilfreich, sondern nur bremsend und störend ist. Auch diese Dinge können wertfrei akzeptiert werden – dann aber kann es Zeit sein, sie an die Ahnen zurückzugeben, um ohne diese Last im eigenen Leben vorangehen zu können. Das zweite große Ritual, das ich Ihnen vorstellen werde, ist ein solches Ritual des Zurückgebens von alten, nicht mehr dienlichen Mustern. Indem Sie sich anhand des beschriebenen Vierklangs Klarheit darüber verschaffen, was Sie von Ihren Vorfahren übernommen haben, aber nicht in Ihrem Leben weitertragen möchten, bereiten Sie sich bereits auf dieses Ritual vor. Sie machen sich bewusst, was nicht zu Ihnen, sondern allein zu Ihren Ahnen gehört, und können dies dann in dem weiteren Ritual wieder an diese übergeben.

Jeder kann nur, wie er kann – auch wir selbst

Wir sind heute in der glücklichen Lage, sehr viel Einfluss auf unsere Geschicke nehmen zu können, nicht zuletzt mit Meditationen, Reflexionsübungen und Ritualen. Wir haben einen Einfluss, egal, wie schlimm etwas in der Vergangenheit war, und gleichgültig, wie stark die Auswirkungen davon bis heute sind. Das gilt nicht nur für die großen, schweren Schicksalsschläge, sondern auch für die alltäglichen, zunächst harmlos scheinenden, aber doch einschränkenden Belastungen. Wie oft hört man Menschen klagen: »Immer streiten meine Eltern, es ist nicht zum Aushalten!« Oder wie bereits angesprochen: »Seit dreißig Jahren will sich meine Mutter trennen, warum tut sie es nicht?« Oder: »Wann wird mir mein Vater endlich bestätigen, dass ich ein erfolgreicher Mensch bin?« Wer immer wieder auf solchen Fragen herumkaut, macht es sich – und seinem Umfeld – unnötig schwer. Zugleich hat natürlich jeder Phasen, in denen er aus so einem Muster nur schwer herausfindet.

Wenn es Ihnen so ähnlich geht: Kümmern Sie sich um sich selbst. Schauen Sie ganz bewusst zurück und bringen Sie Ordnung ins System. Blicken Sie dann aber wieder nach vorn, auf Ihr eigenes Leben und die Zukunft. Das Leben ist ein Fluss, und wenn wir unentwegt nach hinten schauen und dort irgendetwas geradebiegen oder unsere Vorfahren, also meist die Eltern, verändern wollen, sorgen wir nur dafür, dass es in diesem Fluss Strudel und Unruhe gibt. Seine Kraft ist dezimiert.

Ein wesentlicher Faktor der Ahnenarbeit ist die Aussöhnung mit Vorfahren, denen man grollt. Dazu gehört auch, anzuerkennen, dass man als mittlerweile erwachsen gewordenes Kind unter Umständen einfach darauf verzichten muss, von den Eltern die Liebe und Anerkennung zu bekommen, die man sich vielleicht wünscht. Gleichzeitig ist dies das Schwerste überhaupt. Anzuerkennen, dass man selbst verletzt ist, sich nach Anerkennung sehnt, in seiner Individualität gesehen werden möchte, Schuldgefühle hat und so weiter – das sind große Schritte auf dem Weg zur Heilung. Für ein Kind sind Liebe und Anerkennung essenziell, und es hat sehr ungünstige Auswirkungen, wenn sie ausbleiben. Auch in uns heute lebt dieses zarte und vielleicht zurückgewiesene

Kind weiter. Erwachsen geworden, können wir uns darum kümmern, auch in Sachen Liebe und Anerkennung auf eigenen Beinen zu stehen.

Meiner Erfahrung nach hilft es dabei ganz wesentlich, sich im Rahmen der Ahnenbeschäftigung klarzumachen, dass die Vorfahren aufgrund ihres Schicksals einfach nicht anders sein konnten, als sie es waren und sind. Wer Krieg, Vergewaltigung oder Arbeitslager erlebt hatte oder andere schwere traumatische Ereignisse erleiden musste, und dies oftmals über viele Jahre hinweg, der wird später kaum in der Lage sein, seiner eigenen Familie ein kuscheliges Nest zu bauen und seinen Kindern uneingeschränkt herzliche Geborgenheit zu schenken. Dazu kommt der Blick darauf, wie die Eltern oder Großeltern jeweils ihre eigene Kindheit erlebt haben. Gab es dort nicht viel Liebe und Zuspruch, konnten sie dies später auch nicht unbedingt an ihre eigenen Kinder weitergeben. Mit dem Blick auf die Biografie der Eltern und die Logik, die darin sichtbar wird, nämlich dass von Generation zu Generation nur weitergegeben werden kann, was tatsächlich da ist, wird ein riesiger Schritt zur Versöhnung unternommen. Viel Erleichterung ist da, wenn ich mit meinen Klienten diese Zusammenhänge herausarbeite. Die Dinge sind meist gar nicht so persönlich, wie wir oft glauben. Jeder Mensch kann nur so, wie er eben kann – und das gilt natürlich auch für uns selbst, die wir bestimmte Muster und Identifizierungen zunächst erst einmal übernehmen. Im System, oftmals auch weit zurückliegend, finden sich fast immer Gründe für das entsprechende Verhalten. Das zu sehen ist schon mal entlastend. Damit kann man zum einen zu der Bewusstheit kommen, eine Wahl zu haben – man muss nicht mehr wiederholen, was die vorausgegangenen Generationen gelebt haben. Zum zweiten kommt man aus dem Wünschen heraus, weil man erkennt, dass man etwas will, was man nicht bekommen wird, weil es im System nicht vorhanden ist – beispielsweise Anerkennung oder Gesehenwerden. Aussöhnung und Eigenverantwortung beginnen.

Sich die Zusammenhänge in der Vergangenheit bewusst zu machen erweckt irgendwann auch ein tiefes Mitgefühl. Wir können die Eltern und andere Bezugspersonen und Vorfahren nach und nach so lassen, wie sie sind. Wir schauen wertfrei auf sie. Der Weg ist immer dieser: erkennen, anerkennen, erforschen, verändern.

Was erinnert an wen?

Bezüglich eines aktuellen Problems ist es immer lohnend, sich in einem ruhigen Moment bewusst zu machen, was genau die Schwierigkeit eigentlich ist: Eine bestimmte Krankheit? Immer wiederkehrende Phasen von Stress und Überarbeitung? Streit im Umfeld? Das grundlegende Gefühl, missverstanden oder abgelehnt zu werden? Finanzielle Engpässe? Gehen Sie dem auf den Grund, was Sie bedrückt. Sie können dafür beispielsweise auf ein großes Blatt Papier alle Begriffe einfach so aus sich herausschreiben, die mit Ihren momentanen Schwierigkeiten zu tun haben. So kreisen Sie das Problem ein und finden am Ende bestimmte Begriffe, aus denen sich ein klarer Nenner herauskristallisieren lässt. Und sei es, dass Sie feststellen müssen: An mir nagt ohne Grund eine tiefe Unzufriedenheit. Oder: Obwohl ich viel erreicht habe, fühle ich mich als Versager. Oder: Ich verstehe nicht, warum ich immer wieder so kränklich bin.

Sie können ein themenspezifisches Genogramm nutzen oder Sie gehen in der Erinnerung Ihre Vorfahren durch, soweit Sie sie kennen oder Erzählungen von ihnen hörten. Fragen Sie sich dabei: Auf wen könnte die Aussage, mit der ich mein Problem beschrieben habe, ebenfalls zutreffen? Wer hatte im Grunde die gleiche Schwierigkeit? Wer ist auf eine ganz ähnliche und vielleicht viel extremere Weise in seinem Leben an enge Grenzen gestoßen oder sogar gescheitert? Das Erkennen und das tief verinnerlichte Anerkennen verändert die Dinge für Sie. Sie erkennen auch, dass Sie eine Wahl haben. Sie können entscheiden, wie Sie fortan mit den Dingen umgehen. Vielleicht entdecken Sie auch etwas, was Sie an Ihre Vorfahren zurückgeben wollen – das Ritual dazu folgt ab Seite 165. Indem Sie wissen, dass es diese Möglichkeit des Abgebens gibt, können Sie sich noch einmal ganz tief darauf einlassen, es innerlich zu durchleben und zu erforschen.

Beide Seiten anschauen

Insbesondere bei Streitigkeiten ist es immer wichtig, beide Seiten zu betrachten, um zu einer neutralen Einschätzung zu kommen, die auch die Emotionen wieder ausgleicht. Das gilt für aktuelle Zankereien gleichermaßen wie für länger zurückliegenden Streit unter Vorfahren. So hatte ich beispielsweise einmal einen Klienten, der zwei Cousins hatte, ein Zwillingsbrüderpaar, die ihm sehr angenehm waren, obwohl er sie leider nur wenig kannte. Er hätte gern mehr Kontakt zu ihnen gehabt, durfte das aber nicht, da sein Vater mit deren Vater, also seinem Bruder, seit Jahrzehnten in einem heftigen Streit lag. Seine gesamte Kindheit über hatte mein Klient nur Böses über den Onkel und dessen Familie gehört. Vor allem hieß es oft, dass er gierig und geizig sei und anderen ihr Glück nicht gönnen würde. Der Kontakt zu dieser anderen Familie war sehr eingeschränkt, und dem Heranwachsenden, meinem späteren Klienten, war gar nicht klar, worum es bei diesem Streit ursprünglich eigentlich gegangen war.

Irgendwann aber machte er sich auf, um auch die andere Seite besser zu verstehen, denn bislang hatte er immer nur die tendenziell boshaften Äußerungen seines Vaters gegenüber dessen Bruder gehört. Mit der Zeit ergab sich ein etwas anderes Bild: Dieser Bruder nämlich hatte vor vielen Jahren seinen Vater immer wieder mit größeren Geldsummen unterstützt, die dieser in sein Haus steckte, um es zu erhalten. Im Testament dann hatte dieser Vater, also der Großvater meines Klienten, beiden Brüdern zu gleichen Teilen das Haus vermacht. Tatsächlich eine große Ungerechtigkeit, für die der Bruder, der den Vater immer unterstützt hatte, kein Verständnis mehr hatte. Seine aufgepeitschten Emotionen richteten sich gegen seinen Bruder, der scheinbar unverdient das gleiche Erbe bekommen hatte wie er selbst. So war der Streit über die Jahre eskaliert.

Mein Klient aber fand für sich nun zu einer neutralen Haltung. Vor allem entdeckte er den blinden Fleck in der Sichtweise seines eigenen Vaters. Er löste sich aus der Loyalität und bemühte sich aktiv um einen freundschaftlichen Kontakt zu seinen Cousins, was diese auch sehr offen erwiderten. Er beschrieb mir später, dass er es hatte geradezu körperlich empfinden können, wie sich das Familiensystem allmählich harmonisierte und er sich »irgendwie vollständiger« fühlte.

Loyalitäten aufdecken

Ungünstige Loyalitäten entstehen sehr häufig aufgrund von Abhängigkeiten, es sind auch Verstrickungen. In dem eben geschilderten Beispiel lebte der Sohn lange eine Loyalität, aus der heraus er seinen Onkel und dessen Familie unfreundlich behandelte, obwohl er sie mochte. Loyalitäten streuen immer so ein bisschen Sand ins Getriebe, auch wenn sie zunächst harmlos wirken. Ein oder zwei Generationen später kann sich dann ein echter Konflikt entwickelt haben, von dem niemand mehr weiß, wie er eigentlich entstanden ist und warum bestimmte Zweige der Familie zu Feinden geworden sind. Solche Fälle machen überaus deutlich, warum es so wichtig ist, das Licht des Bewusstseins ins Ahnenfeld zu bringen.

Wenn Sie Gewesenes erkennen, können Sie akzeptieren, dass ein bestimmter Zwist durch Ihre Vorfahren ausgelöst wurde. Sie können sich und Ihre Haltung dazu erforschen und werden merken, dass sich Ihre Gefühle zu der Sache ändern werden. Alte Muster und Loyalitäten können sich wandeln.

Die Kraft neuer Interpretationen

Häufig sind es ganz allein unsere Interpretationen von Situationen, die uns Leid bescheren oder es verstärken. Wie oft entsteht großer Streit allein aus Missverständnissen? Wie oft können wir jemandem nicht verzeihen, wissen dabei aber gar nicht, was ihn wirklich zu seinem Handeln bewogen hat? Wir interpretieren und deuten – und das immer auf der Basis unserer eigenen Lebensgeschichte, unserer Prägungen und Erfahrungen.

Im Umkehrschluss bedeutet das, dass Heilung und Erleichterung möglich ist, wenn man sich seine Interpretationen bewusst macht und prüft, ob nicht auch eine andere Deutung des Gewesenen möglich ist. Sie haben dieses Vorgehen in den letzten Kapiteln schon an der einen oder anderen Stelle bemerkt. Ich möchte hier noch einmal spezieller darauf eingehen, weil es ein so wichtiges therapeutisches Instrument ist.

Wie beispielsweise deuten wir Schicksale? Tatsache ist: Schicksal ist nicht per se »schlimm«. Es war bereits angesprochen worden, dass es individuell sehr unterschiedlich erfahren und bewertet wird. Was den einen in den Suizid treibt, kann ein anderer scheinbar problemlos bewältigen. Was die eine in großen Stress und höchste Panik versetzt, trägt eine andere mit Gelassenheit. Die Lebenserfahrung unzähliger Menschen und die Weisheit vieler spiritueller Traditionen sagen uns, dass in allem, was uns widerfährt, eine Herausforderung, eine Gelegenheit zur Weiterentwicklung und zum persönlichen oder spirituellen Wachstum liegt.

In seinem als CD erschienenen Werk »Das innere Licht entdecken. Meditationen für schwierige Zeiten« stellt Jack Kornfield (in Anlehnung an seinen Lehrer Ajahn Chah) eine sehr kraftvolle Frage. Es geht um schwierige Erfahrungen, um Leid, Krankheit, Schmerz, eben um schweres Schicksal. Kornfield bittet Menschen, die gerade so etwas erfahren, sich zurückzuerinnern und sich zu fragen: In welchen Zeiten des bisherigen Lebens habe ich mehr gelernt, mehr an Mitgefühl, Geduld und innerer Reife entwickelt – in den schweren oder in den guten Phasen?

Sicherlich haben Sie es schon selbst erlebt, dass Sie eine Schwierigkeit voranbrachte. Etwas, was zuerst als ausweglos erschien, plötzlich doch ganz gut durchstehen zu können, gibt uns sehr viel Kraft für alles Weitere. Es macht uns nicht zuletzt unser schier unermessliches Potenzial bewusst. Genauso wird es auch vielen unserer Vorfahren ergangen sein: Etwas zunächst als schlimm Erlebtes stellte sich später als Chance für persönliches Wachstum heraus.

Unbestritten ist dennoch, dass es Schicksal gibt, das sich von den Betroffenen selbst nicht vollständig schultern lässt und dessen Auswirkungen dann durch die Generationen hindurch weitergetragen werden. Oft bleibt eine schwere Last und Einschränkung hängen, gerade wenn es um solche ungeheuer destruktiven Geschehnisse wie Kriege geht. Dann müssen spätere Generationen aus ihrem Abstand heraus solche Schicksale aufarbeiten und die Schwere auf energetischer Ebene lösen. Genauso wie die heute etwas jüngeren Generationen die beiden Weltkriege innerlich aufarbeiten, was den damals direkt Beteiligten meist einfach nicht möglich war. Letztlich ist dies doch eine sehr schöne Art von Generationenvertrag, und wir können die uns betreffenden Aufgaben, die damit verbunden sind, dankbar und aus einem Gefühl inneren Friedens heraus erfüllen.

Den Blick auf das Positive richten

Einer der vielen schönen Aspekte der Ahnenarbeit ist für mich, dass sich dabei der Blick wie von allein immer wieder neu auf das Positive ausrichtet. Wie verwickelt und problematisch die Dinge in der Vergangenheit auch gewesen sein mögen, stets steckt auch ein Fünkchen Gutes darin. Immer kann man das ehrliche Bemühen der Betreffenden erkennen, das Beste aus den Umständen zu machen und ein Stückchen vom Glück zu erhaschen. Mögen die Handlungen oder Worte, derer er sich dabei bedient hat, häufig auch sehr ungeschickt gewesen sein. Manchmal erkennt man auch nur, dass ein Mensch so viel Böses erfahren musste, dass er keine anderen Wege fand, als selbst bösartig und ungerecht gegen andere zu handeln. Dann kann man versuchen, zumindest Verständnis und Mitgefühl zu entwickeln.

Meine Klienten sind oft überrascht, dass sich im Gespräch über ihre Vorfahren ohne Ausnahme etwas Positives finden lässt. Viele als kauzig oder verschlossen oder irgendwie »unmöglich« beschriebene Vorfahren konnten am Ende, manchmal auch erst nach sehr langer Arbeit, in ihrer Eigenart herzlich belächelt werden. Der Versuch, mit dem eigenen Schicksal erfolgreich umzugehen, formt jeden von uns auf eine ganz bestimmte individuelle Weise. Und einige hatten es so schwer, dass sie es nur schaffen, indem sie sich eben verschließen und innerlich zurückziehen. Oder sie haben sich auf irgendeine positive Weise Eigenschaften zugelegt, die, von außen betrachtet, kauzig wirken. Fakt aber ist – und hier sind wir sofort wieder auf der anderen Seite: Diese Menschen haben auf ihre Weise einen Weg gefunden, mit den Herausforderungen ihres Lebens erfolgreich umzugehen. Sie haben es »irgendwie« geschafft, zu überleben.

Auch ein anderer positiver Aspekt ist interessant: Bewusstseinsprozesse verändern die Zukunft. Nicht zuletzt aufgrund der kollektiven Entwicklungen, die wir beispielsweise in Mitteleuropa durchgemacht haben, hat sich an unseren Lebensumständen und an der Art, miteinander umzugehen, in den letzten ein bis zwei Jahrhunderten sehr viel verbessert. Denken wir dabei nur an die gesellschaftliche Position der Frauen oder daran, dass es für uns heute selbstverständlich ist, Kinder nicht zu schlagen. Beide Bereiche sahen noch vor wenigen Jahrzehnten gänzlich anders aus. Heilung geschieht aus meiner Sicht auch dann, wenn jede Generation an ihre Kinder ein bisschen weniger Leid weitergibt, als sie selbst erfahren musste. Wenn dies geschieht, hat ein Bewusstwerdungsprozess stattgefunden und Früchte getragen.

Eine 39-jährige Kunsthistorikerin erzählte einmal in einem Seminar, dass sie mit Ende zwanzig sehr mit ihrer Kindheit gehadert hat und mit ihren Eltern streng ins Gericht gegangen war. Ihr war erst durch das ganzheitlich therapeutische Arbeiten an sich selbst klar geworden, dass es sehr viel Ungünstiges und sie bis heute Belastendes in ihrer Kindheit gegeben hatte. In den darauf folgenden zehn Jahren aber hatte sich ihr Bild erneut verändert: Nach der tiefen Krise in der Beziehung zu ihren Eltern hatte sie Schritt für Schritt erkennen können, wie viel Wertschätzung sie ihr auf ihre Weise mitgegeben hatten. Mit einer tieferen Sicht auf die Eltern konnte sie nun erinnern, dass sie von ihnen angenommen und geliebt worden war. Ihr war auch klar geworden, dass insbesondere dem Vater eine außergewöhnliche Leistung gelungen war: Er hatte nämlich den absolut größten Teil all der Schwierigkeiten, die er als Kind durchmachen musste, eben nicht an sie weitergegeben. Auch dass sie in ihrer Ausbildung sehr gefördert worden war, obwohl ihre Eltern das selbst früher nicht erlebt hatten, rechnete sie ihnen hoch an. Es steckte kein bisschen von dieser Haltung »Du musst studieren, weil wir das nicht konnten und auch gern getan hätten« in dieser Förderung. Vielmehr hatten die Eltern die wirklich große Wissbegier ihrer Tochter früh erkannt und ihr das Selbstverständnis mit auf den Weg gegeben, dass sie auf dem Bildungsweg so weit gehen sollte, wie sie nur kann und will. Das tat diese Frau dann auch, und es ermöglichte ihr, später in einem Beruf zu arbeiten, in dem sie diese wohl nie versiegende Wissbegier und viele weitere Fähigkeiten zu ihrer eigenen großen Freude erfolgreich einbringen konnte. Was sie heute ihren Eltern gegenüber empfindet, ist vor allem eine große Dankbarkeit und Wertschätzung. Zehn Jahre zuvor wäre ihr das nicht möglich gewesen. Ihr Weltbild – wie sie lachend hinzufügte – war damals ziemlich eng und sehr einseitig. Heute wusste sie beispielsweise viel mehr über ihre eigenen Unzulänglichkeiten und konnte auch deswegen die Schwächen anderer viel leichter hinnehmen.

Bestandsaufnahme zwischendurch

Ich streue an dieser Stelle eine kleine Übung ein, die Sie jederzeit während Ihrer Ahnen-Heilarbeit ausführen können, um sich bewusst zu machen, wo Sie in diesem Prozess gerade stehen. Sie möchte Sie zum Weitergehen ermuntern.

Übung: Bewältigte und unbewältigte Vergangenheit

- ◉ Suchen Sie sich in einem ruhigen Moment einen Raum, in dem Sie nicht gestört werden können. Legen Sie sich zwei Kissen bereit oder stellen Sie zwei Stühle auf.

- ◉ Setzen Sie sich dann an einem dritten Platz hin, atmen Sie ein paarmal tief ein und aus, um sich zu entspannen und innerlich ganz leer von eigenen Ideen, Vorstellungen und Gedanken zu werden.

- ◉ Bitten Sie laut oder im Geist Ihren spirituellen Ahnen zu sich. Begrüßen Sie ihn, sobald Sie ihn auf irgendeine Weise bemerken oder vor Ihrem inneren Auge vor sich sehen. Bitten Sie ihn um Unterstützung bei dieser kleinen Übung, die Ihnen den Stand Ihrer Heilarbeit bezüglich der Ahnen zeigen kann. Von jetzt an können Sie wissen, dass der spirituelle Ahne Sie aus der geistigen Welt wohlwollend begleitet. Sie brauchen jetzt gar nicht mehr viel zu tun, sondern können sich führen lassen. Sie werden alles Wichtige über Gefühle, Gedanken oder innere Bilder und andere Wahrnehmungen erkennen.

◎ Weisen Sie jetzt den beiden Kissen – oder Stühlen, wenn das für Sie bequemer ist – jeweils eine Funktion zu: Das eine Kissen steht für Ihre bereits bewältigte Familienvergangenheit, die Ihnen keine Bremse mehr, sondern eine Kraftquelle geworden ist. Das andere Kissen steht für den Anteil Ihrer unbewältigten familiären Vergangenheit, für die Knoten und Strudel im Ahnenfeld, die sich noch nicht lösen ließen.

◎ Nehmen Sie jetzt mit dem Kissen Kontakt auf, das für die bewältigte Vergangenheit Ihres Familiensystems steht. Da hier nur positive, förderliche Kräfte zu erwarten sind, können Sie sich gleich auf dieses Kissen setzen und nachspüren, was Sie dabei empfinden. Achten Sie auch auf eventuelle Botschaften oder innere Bilder, die in Ihnen aufsteigen.

◎ Begeben Sie sich nach einer Zeit wieder auf Ihren neutralen Platz und lassen Sie das eben Erfahrene etwas nachwirken.

◎ Wenn Sie sich bereit fühlen, wenden Sie sich dem anderen Kissen zu, das für das Unbewältigte und noch nicht Aufgearbeitete in Ihrem Ahnenfeld steht. Vielleicht wollen Sie sich auch auf dieses Kissen gleich setzen, um ganz direkt zu spüren, was dort noch liegt. Sie können aber auch etwas vorsichtiger zunächst nur mit Blicken und dann vielleicht mit den Händen Kontakt zu diesem Bereich aufnehmen. Auch auf diese Weise werden Sie sehr viel spüren und innerlich wahrnehmen können. Bitten Sie hierbei am besten noch einmal direkt Ihren spirituellen Ahnen um Unterstützung.

- Setzen Sie sich dann wieder auf Ihre neutrale Position und lassen Sie das eben Wahrgenommene nachwirken. Bitten Sie dabei Ihren geistigen Begleiter um Hinweise, wie Sie jetzt am besten an dieses Unbewältigte herangehen sollten. Sollte Sie das auf diesem Kissen Wahrgenommene in seiner Mächtigkeit erschreckt haben, bitten Sie Ihren spirituellen Ahnen gezielt um Hilfe und um eine innere Reinigung.
- Vielleicht wollen Sie sich am Ende noch einmal auf das Kissen mit den bereits freigesetzten Kräften setzen, so schließen Sie die Übung positiv und kraftvoll ab.

Es geht bei dieser Übung nicht darum, zu testen, ob man schon ausreichend therapeutisch an sich gearbeitet hat. Es kann sogar sein, dass der Bereich des noch nicht Bewältigten an einem Tag sehr überschaubar wirkt und ein Jahr später plötzlich sehr schwer erscheint. Was wir wahrnehmen können, ist niemals mehr, als wir zu ertragen und zu tragen in der Lage sind. Auch bei dieser Übung wird von unseren geistigen Helfern klar dosiert und ausgewählt, was uns gezeigt wird. Machen Sie also bitte keine Rechenübung daraus, »wie weit« Sie auf Ihrem Entwicklungsweg schon gekommen sind. Es gcht hierbei viel stärker darum, mit den Energien in Kontakt zu sein, Gelöstes und Ungelöstes in seiner je eigenen Qualität erspüren und erfahren zu lernen sowie das eigene Bewusstsein von diesen Kräften und von Heilung und Heilmöglichkeiten zu erweitern.

Natürlich ist das Ganze dennoch eine Bestandsaufnahme, als die ich es Ihnen auch angekündigt hatte, denn Sie erkennen vor allem eines ganz klar: wie wunderbar leicht und licht sich eine bewältigte und bearbeitete Vergangenheit anfühlt und wie viel Kraft ein derart gelöstes Ahnenfeld Ihnen bietet. Das Bearbeiten der restlichen Knoten und Irritationen wird dann wie von selbst ein inniger Wunsch werden.

Das Zurückgeben von fremden, übernommenen Energien

Wir alle tragen Energien mit uns, die gar nicht zu uns selbst gehören. In einem System wie einer Familie herrschen jede Menge offene und versteckte Muster, Schwingungen, Ideen und Vorstellungen. Jeder wird am Beginn seines Lebens in ein solches vielschichtiges System hineingeboren, und ohne dass er oder die anderen aus diesem System es bemerken müssen, übernimmt er den Großteil dieser Muster. Dies geschieht ganz automatisch, da ein neuer Erdenbewohner das, was er vorfindet, mit all seinen sieben Sinnen für das hält, was Leben nun einmal ausmacht. Dazu gehören dann in einer Familie und Großfamilie auch all die Facetten, die ich auf den letzten Seiten beschrieben habe: Loyalitäten, Verstrickungen, aus schwerem Schicksal entstandene Glaubenssätze und Weltbilder. Dies alles zeigt sich für das Kind nicht nur in den Äußerungen der Erwachsenen, sondern schwingt auf einer viel feineren energetischen Ebene in allem mit, was gesagt und nicht gesagt, getan und nicht getan wird. Es infiltriert den Neuankömmling vollständig. Und so entstehen dann im

Laufe der Zeit bis ins Erwachsenenalter hineinwirkende Verhaltensweisen oder auch Symptome, für die der Betreffende oftmals keine Erklärung findet.

Ein Beispiel für übernommene sinnentleerte Verhaltensmuster

Ein Beispiel aus meiner Praxis kann ganz gut veranschaulichen, wie subtil sich Muster durch die Generationen hindurch erhalten können, ohne dass es den Betroffenen auch nur annähernd bewusst wäre. Vor einiger Zeit begleitete ich eine Frau, die an Hautkrebs erkrankt war. Wir kamen schnell darauf, dass sie liebend gern in der Sonne war, sie hatte einen regelrechten Zwang, bei Sonnenschein rauszugehen. Wann immer die Sonne schien, musste sie sich ihr aussetzen, ob bei der Gartenarbeit oder beim Wandern. Als sie sich im Gespräch mit mir zurückerinnerte, hatte sie auch von ihrer Mutter vor allem dieses eine Bild vor Augen: genüsslich jede freie Minute in der Sonne verbringend und das Leben nach dem Wetter, eben nach den Sonnentagen, ausrichtend – genau wie sie selbst.

So schön das Leben in der Sonne auch ist, bei ihr hatte es nun maßgeblich zu ihrem Hautkrebs beigetragen. Meiner Intuition folgend, befragte ich sie stärker zu ihrer Mutter. Dabei kamen wir rasch zu ihrer Großmutter, die bereits ähnlich, fast zwanghaft, sonnenfixiert war. Nach und nach klärte sich das Gesamtbild auf: Der Vater ihrer Mutter, also der Mann von besagter Großmutter, war viele Jahre lang im Krieg ge-

wesen und wenig später an den Folgen seiner Kriegsgefangenschaft gestorben. Seine Frau, fortan mit der kleinen
Tochter allein, begann zu dieser Zeit, diese Sonnenmanie zu
entwickeln – sie lag, wann immer es ging, in einem Eckchen
der Veranda im Liegestuhl und döste in der Sonne vor sich
hin.

Aus den Beschreibungen meiner Klientin wurde ihr genauso wie mir jetzt deutlich, dass dies die unbewusste Strate-
gie ihrer Großmutter war, ihren Schmerz zu verarbeiten. Um
mit dem Verlust ihres geliebten Mannes fertigzuwerden, zudem mit ihren eigenen Erfahrungen aus der Kriegszeit, stahl
sie sich gewissermaßen aus der Realität fort und träumte mit
dem hellen Sonnenlicht im Gesicht von ihrem Mann und
den schönen Tagen der gemeinsamen Vergangenheit. Mit
geschlossenen Augen, das gleißende Licht auf den Lidern,
so »beamte« sie sich gleichsam in eine bessere Welt. Für ihr
Kind, die Mutter meiner Klientin, ergab sich daraus die Ver-
knüpfung: Sonne = Leben. Die Tochter und später auch die
Enkeltochter eigneten sich unbewusst das Verhaltensmuster
an, sich extrem viel in der Sonne aufzuhalten.

Für die Enkelin, meine Klientin, war dies nun zu einem
Ende gekommen. Ihr Körper hatte ihr deutlich zu verstehen
gegeben, dass sie ihr Verhalten ändern und erkennen sollte,
dass sie hier etwas Altes trägt, was nicht zu ihr gehört. Gefühle des Schmerzes und der Trauer, die ihre Großmutter im
Sonnenlicht überdeckt hatte, überblendet gewissermaßen,
forderten nun aus dem bislang unbewussten Dunkel Aufmerksamkeit. Sie musste lernen, zwischen der Geschichte

ihrer Großmutter und ihren eigenen Lebensthemen zu unterscheiden.

Sehr häufig bleiben alte Muster über Generationen bestehen, ohne dass man versteht, warum man sie lebt. Und oftmals kann man es auch einfach nicht wissen, weil es viel zu lange her ist. Das Gute ist: Man muss es nicht wissen und kann es dennoch erlösen. Manchmal wirken solche Dinge regelrecht wie ein Fluch, der einmal über die Familie gebracht wurde. Er wirkt, bis es jemandem gelingt, sich mit der Energie, die irgendwann früher einmal verfluchend wirkte, auseinanderzusetzen, sie zu verstehen, wertzuschätzen und sich mit ihr auszusöhnen. Immer sind es am Ende das offene Herz, das Mitgefühl und die Liebe, die diese Aussöhnung und die Erlösung herbeiführen.

Vielleicht erinnern Sie sich daran, wie Sie früher auf das Märchen von Dornröschen reagiert haben. Ich selbst hatte immer Mitgefühl und Verständnis für die dreizehnte Fee. Ich konnte sie einfach nicht als die Böse ansehen, auch wenn sie Dornröschen verflucht und gemeinsam mit dem ganzen Schloss in einen hundertjährigen Schlaf versetzt hat. Aber sie tat es, um dem König eine Lehre zu erteilen, der sie – einen Teil der Wirkkräfte des Lebens – von der Feier zu Ehren der Geburt der Königstochter ausgeladen hatte. Und dies allein aus dem Grund, weil es kein dreizehntes goldenes Gedeck gab. Erst die Liebe konnte das Ganze in Ordnung bringen.

Das »Übernommene«

In einem weiteren großen Ritual geht es darum, unbewusst Übernommenes aus dem Ahnenfeld an die Vorfahren zurückzugeben, weil es nicht gesund, nicht dem Leben dienlich ist und Ihnen nicht guttut. Ein Erbe können Sie antreten oder Sie lehnen es ab. Genauso ist es auch bei dem, was Sie auf mentaler, emotionaler, energetischer Ebene »geerbt«, also übernommen haben – nur dass Sie hierbei sogar von Detail zu Detail entscheiden können, was Sie annehmen, behalten möchten und was Sie lieber zurückgeben. Sie müssen zu diesem Erbe also nicht im Ganzen Ja oder Nein sagen. Der Maßstab sollte sein, was Ihnen in Ihrem Leben dient und was Sie auf der anderen Seite eher behindert.

Da Sie dieses immaterielle Erbe seit frühester Kindheit tragen, ist es zunächst erst einmal gar nicht so leicht zu erkennen. Glaubenssätze, Vorstellungen, Übernommenes aus anderen Generationen, weil »es schon immer so war« – vieles davon ist einfach nicht mehr dienlich oder war es letztlich nie. Als Kinder aber haben wir solche Dinge freiwillig oder unter Druck übernommen, bis wir das Gefühl hatten: Das ist es, was mich ausmacht. Wir haben nicht mehr gemerkt, dass es nicht unser Eigenes ist.

Auf diese Weise haben wir immer auch viel für unsere Eltern oder andere enge Bezugspersonen getragen. Wir haben Lasten, die wir auf den Schultern unserer Vorfahren schmerzlich wahrgenommen haben, ein bisschen mit auf unsere kleinen Schultern genommen, damit es unsere Eltern nicht so schwer haben. Wir haben Fürsorge und Verantwortung übernommen, was aber nicht unsere Aufgabe als Kind war. Damit haben wir die Welt aus der Ordnung gebracht. Denn zum einen wurde auf diese Weise zumindest zum Teil verhindert, dass wir das ausleben, was in unserem eigenen Wesen angelegt ist und zur Entfaltung kommen will. Wir waren und sind teilweise bis heute damit beschäftigt, das zu leben, was wir blind übernommen haben. Zum anderen ist es die natürliche Folge, dass Eltern für ihre Kinder da sind – nicht umgekehrt. Der Fluss des Lebens fließt immer nur nach vorn, von den Alten zu den Jungen. Nur so ist er »in der Ordnung«.

Das heißt nicht, dass Sie alles, was dieser Fluss trägt, weiterleben und selbst weitergeben müssen. Ab und zu ist eine Reinigung wichtig, und von Zeit zu Zeit ist es sogar überlebensnotwendig, all das auszusortieren, was er mittlerweile herangeschwemmt hat.

Der Fluss des Lebens

Das Wichtigste beim Zurückgeben von Übernommenem ist aus meiner Sicht, dass der Lebensfluss wieder in Schwung kommt. In einem gesunden Familiensystem schauen Sie nach vorn. Hinter Ihnen stehen Ihre Eltern mit dem Blick nach vorn und hinter ihnen wiederum deren Eltern und so weiter. Alle blicken sie nach vorn und haben die nächstjüngere Generation vor sich. Ihre Kinder und Enkel stehen ebenfalls vor Ihnen und blicken in ihre Zukunft. Tragen wir Lasten von unseren Vorfahren oder sind auf andere Weise bemüht, irgendetwas in deren Leben zu verändern und es ihnen irgendwie leichter zu machen, dann verändert sich das Bild: Wir schauen nicht mehr nach vorn, sondern haben uns halb oder sogar ganz nach hinten gedreht und werkeln dort im System herum. Der Energiefluss beginnt zu strudeln, sich zu stauen, er ist aus dem harmonischen Fluss geraten.

Dieses Umdrehen geschieht wie erwähnt schon in der Kindheit. Als Kinder spüren wir die Lasten, die unsere Eltern tragen. Wir nehmen die schweren versteckten Emotionen wahr und aus Liebe, aber auch aus Abhängigkeit von unseren Eltern und deren Funktionieren im Alltag, versuchen wir, ihnen diese Dinge abzunehmen. Unbewusst glauben wir, dass sie bestimmte Sachen nicht schaffen können, und versuchen, es für sie zu tun. Damit aber erheben wir uns über unsere Eltern – und schon ist die Ordnung nicht mehr gewahrt. Es ist der natürliche Lauf, dass jede Generation die nachfolgende unterstützt und somit in gewisser Weise »größer« ist als sie. Das kann natürlich dennoch einschließen, dass wir uns um unsere alt gewordenen Eltern kümmern und sie pflegen. Das aber tun wir dann aus einer erwachsenen Haltung heraus, auf Augenhöhe und bestenfalls in großer Achtung vor diesen nun alten Menschen und ihrem Leben.

Ins Strudeln kommt der Lebensfluss, wenn wir uns um die Dinge kümmern, die nur unsere Eltern oder Großeltern betreffen, wenn wir das Schicksal unserer Mutter oder unseres Vaters tragen, wenn wir deren Leid übernehmen (wollen). Das ist nicht dienlich, es hilft niemandem. Unsere Vorfahren haben ihr Leben so gelebt, wie es ihnen entsprochen hat. Ein

Schicksal gehört immer zu dem, den es ereilt. Natürlich kann und sollte man sich innerhalb einer Familie unterstützen. Aber man kann nicht das Schicksal eines anderen tragen. Denn es ist seines, und wir haben unser eigenes Leben mit seinen schwierigen und leichteren Erfahrungen.

Machen wir uns bewusst, in wessen Angelegenheiten wir aktiv sind und was wir für andere tragen, obwohl es nicht zu uns gehört, kommen wir Schritt für Schritt in die Lage, die Ordnung wiederherzustellen. Dazu geben wir – beispielsweise im folgenden Ritual – das Übernommene ab. Wir stellen es zurück an den Platz im Ahnenfeld, an den es gehört. So werden wir frei, uns nach vorn zu drehen – und der Fluss beginnt wieder zu fließen. Wir geben unseren Vorfahren damit nicht zuletzt auch ihre Würde zurück. Es ist, als würden wir sagen: »Ich traue euch zu, euer Schicksal selbst zu tragen. Ich vertraue eurer Kraft und Weisheit.« Sie werden wieder vollständig mit allem, was zu ihnen gehört.

Eine Klientin beispielsweise beschäftigte sich sehr viel mit ihrer Mutter, die phasenweise an Depressionen litt. Wenn sie von ihr sprach, hörte man in ihrer Stimme den eigenen Schmerz. Sie mutete ihrer Mutter nichts zu, kümmerte sich unentwegt um sie und verbot sich selbst jede Lebensfreude, weil die Mutter auch keine spürte. Dieser Frau konnten der Bewusstwerdungsprozess und das anschließende Ritual des Zurückgebens sehr helfen. Sie kam dahin, ihrer Mutter zuzutrauen, mit ihrem Leben und ihren Schwierigkeiten und der Erkrankung selbst zurechtzukommen. Sie gab den Kummer und die Energie der Lebensumstände, die die Depression mit ausgelöst hatten, zurück an sie – und konnte fortan frei ihr eigenes Leben leben. Sie konnte dabei auch frei entscheiden, wann sie ihre Mutter besuchen und wie sie sie unterstützen wollte. Am Ende war es für beide eine Erleichterung.

Die Frau erkannte zudem etwas, das auch sehr typisch ist: Die Schwäche ihrer Mutter hatte dazu geführt, dass sie nicht in ausreichendem Maße für ihre Tochter da sein konnte. Diese Schwäche aber zog sich bereits länger durch die Ahnenlinie hindurch. Sie kam von der Großmutter meiner Klientin und hing auch dort wieder mit dem Umgang von deren Mutter mit ihr zusammen. Meine Klientin war es, die das transgenerationale Muster durchbrochen hatte.

Es gibt Schicksale, die so schwer sind, dass es nicht vorstellbar ist, dass ein Mensch sie tragen kann. Vor allem im Zusammenhang mit Kriegserfahrungen, mit Folter und Vergewaltigungen, mit allem möglichen Grauen, über das meist nicht gesprochen wird und das dennoch spürbar da ist – mit alldem ist es fast nicht möglich, einem Elternteil innerlich zu sagen: »Es ist deins, du kannst und du musst es tragen.« Dennoch hat es keinen Sinn, es ihnen abnehmen zu wollen, denn es gehört ja zu ihrem Leben, nicht zu dem der nächsten Generation. In solchen Fällen kann es helfen, mit dem Zurückgeben der übernommenen Lasten zugleich um eine höhere Kraft zu bitten, die diesen Menschen stützt. Das kann der »Engel des Krieges« sein, den man hinter seine Mutter oder Großmutter, seinen Vater oder Großvater stellt und der sie dabei unterstützt, dieses enorme Leid zu tragen, das sie erlebt haben. Ich habe das beispielsweise als Imaginationsübung einer Klientin empfohlen, deren Mutter durch den Krieg und die Vertreibung sehr hart und bösartig geworden war. Als dieser Engel in der Vorstellung der Klientin hinter ihrer Mutter stand, konnte sich diese leidgeprüfte Frau an ihn anlehnen, und zum ersten Mal waren Erleichterung und Sanftheit im System spürbar. Die Tochter hatte zuvor vieles versucht, aber es gab auch auf systemischer Ebene nichts, womit sie ihre Mutter in diesem unermesslichen Leid hätte unterstützen können. Auch die Eltern ihrer Mutter hätte sie nicht symbolisch hinter sie stellen können, die hatten sogar zwei Kriege erleben müssen. Erst eine so enorme Kraft wie dieser Engel war tatsächlich eine Stütze. Und der Klientin wurde es jetzt erst möglich, das Übernommene zurückzugeben, um das Leid nicht weiterzutragen und die Last aus ihrem eigenen Leben und dem ihrer Kinder zu lösen. Damit war auch der Weg frei, sich ihrer Mutter liebevoll nähern zu können.

Was macht das Übernommene aus?

Da es aus meiner Erfahrung oftmals Unsicherheiten darüber gibt, was man zurückgeben sollte und was besser nicht, möchte ich Ihnen hier noch ein paar Beispiele nennen. Zurückgegeben werden können letztlich zwei Bereiche: schweres Schicksal als etwas, was nur die entsprechenden Vorfahren etwas angeht, nicht aber den heute lebenden Menschen, also Sie. Und Dinge, die Sie für Ihre Vorfahren tragen, weil Sie ihnen damit unbewusst seit Ihrer Kindheit das Leben erleichtern wollten.

Es könnten sein:

- ganz einfach etwas »Schweres«, eine Last, die Sie in Bezug auf Ihr Familiensystem spüren, ohne es genauer benennen zu können

- unterschwellig stets vorhandene Gefühle wie beispielsweise Trauer, von denen Sie wissen, dass Sie sie von einem Ihrer Ahnen übernommen haben

- Verantwortungsgefühle, Sorgen, Schuldgefühle und Ängste von Ihren Vorfahren, die Sie weitertragen

- Verantwortungsgefühle, Sorgen und Ängste um Ihre Vorfahren

- Vorstellungen und Ideen vom Leben als etwas furchtbar Schwerem und Leidvollem

- übernommene Ablehnung anderer, beispielsweise wegen deren Rasse, Religion, Berufsgruppe oder sexueller Orientierung

- allgemein Vorstellungen, Glaubenssätze oder Gefühle, die Sie nur deshalb vertreten, weil Sie Angst haben, dass der eigentliche »Besitzer« – beispielsweise Ihr Vater oder Ihre Großmutter – dies nicht allein tragen könne, Sie ansonsten nicht mehr lieben würde oder andernfalls etwas Schlimmes passieren würde

- ebenso Dinge, die Ihnen innerlich zuwider sind, die Sie aber bislang dennoch nicht loslassen konnten, beispielsweise weil Sie sonst fürchten, den anderen zu schaden oder aus dem Familiensystem ausgeschlossen zu werden

◎ extreme Ansprüche an sich selbst, die Sie als Kleinkind übernommen und verinnerlicht haben, starkes Leistungsdenken beispielsweise oder Äußerungen über Ihren Körper und Ihr Aussehen

◎ Geheimnisse Ihrer Vorfahren, die Sie nicht länger als dunkle Flecken in sich beherbergen wollen

Darüber hinaus können Sie sich auch ganz einfach fragen, was Sie an sich selbst stört. Vielleicht, dass Sie schnell ärgerlich und ungeduldig werden oder es einfach nicht schaffen, Ihre Ziele zu verwirklichen. Wenn Sie damit in Ihr Ahnenfeld schauen, könnten Sie erkennen, wo diese Eigenschaften oder Muster möglicherweise herkommen. Über den beschriebenen Vierklang von Erkennen, Anerkennen, Erforschen, Verändern kommen Sie dann zu der Erkenntnis, dass Sie bestimmte Ängste oder Angewohnheiten zurückgeben können. Die Phase des Veränderns ist dann ganz aktiv das Ritual des Zurückgebens. Was zurückgegeben wird, sind dann oft Emotionen – die Angst, sich als Frau schön und/oder klug zu zeigen, die Angst zu verarmen, die Wut auf den Staat oder die Angst, aus dem Familiensystem ausgestoßen zu werden.

Im Bewusstmachen dieser Zusammenhänge und im Zurückgeben der nicht mehr dienlichen Energien geben Sie sich mit der Ahnenarbeit und speziell dem zweiten Ritual eine großartige Erlaubnis. Sie kommen dahin, sich zu sagen: »Ich darf anders sein als meine Vorfahren. Ich darf so sein, wie ich bin und wie es mich auf meinem Weg unterstützt.«

Was aber gehört wirklich nicht Ihnen, sondern den Ahnen?

Wie können Sie unterscheiden, was zu Ihnen selbst gehört und was Sie tatsächlich von Ihren Vorfahren übernommen haben? Und wie können Sie das Übernommene sinnvoll unterteilen in die Dinge, die Sie sehr dankbar als geistiges, emotionales oder energetisches Erbe annehmen, die Ihnen also helfen und die Sie mit Freude und Stolz leben, und jene, die Sie belasten und in irgendeiner Weise behindern, die Sie an die Vergangenheit fesseln und dabei stören, Sie selbst zu sein und Ihr Potenzial zu leben?

Es gibt dafür verschiedene Möglichkeiten. In meiner Praxis und bei den Seminaren erlebe ich es immer wieder, dass die Menschen sehr genau wissen oder zumindest fühlen, was nicht zu ihnen gehört. Das kann beispielsweise eine Schwermut sein, die derjenige ganz sicher von seinem Vater und auch Großvater übernommen hat und die er lebt, während ihm seine eigenen Lebensumstände eigentlich große Leichtigkeit erlauben würden. Wenn Sie so etwas spüren, können Sie dem einfach ein wenig nachgehen, um es sich stärker bewusst zu machen.

Eine andere Möglichkeit ist, den Stimmen im eigenen Kopf nachzugehen.

Übung: Die inneren Stimmen befragen

◉ In jedem von uns ertönen zahllose innere Stimmen, die uns raten, uns warnen, die uns kritisieren und beschimpfen. Andere wiederum loben und bestärken uns. Wer regelmäßig meditiert, wird diese Stimmen zunehmend genau kennen und differenzieren können. Für die Ahnenarbeit können sie sehr aufschlussreich sein.

◉ Machen Sie sich in einem ruhigen Moment einmal Ihre stärksten inneren Stimmen bewusst. Welche Aussagen hören Sie in Ihrem Kopf ganz besonders häufig? Welche Ermunterung und fürsorglichen Sätze? Welche Ermahnungen, welche Zweifel, welche Bremsen? Welche Vorstellungen davon, wie die Welt ist und wie der Mensch zu sein hat?

◉ Schreiben Sie sich ein paar wesentliche Sätze oder Begriffe auf und ordnen Sie sie dann den Bezugspersonen Ihrer Kindheit zu, den Eltern, Großeltern, aber durchaus auch Lehrern oder anderen.

◉ Machen Sie sich anhand Ihrer Liste bewusst, dass diese Aussagen zunächst erst einmal nicht Ihre eigenen sind. Aber auch wenn Sie sie über die Jahre vollständig verinnerlicht haben und schon Ihr ganzes Leben danach handeln: Sie sind nicht mit diesen Ideen und Aussagen auf die Welt gekommen. Sie können jetzt ganz bewusst entscheiden, welche sie für sich behalten und auf eine sinnvolle Weise für Ihr Leben weiter nutzen wollen und welche Sie mit dem folgenden Ritual zurückgeben.

Auch das ab Seite 75 beschriebene Genogramm ist eine große Hilfe, wenn Sie herausfinden möchten, welche Qualitäten, Glaubenssätze oder Grundgefühle, Grundlebensauffassungen Sie gern bei Ihren Ahnen lassen würden, um davon befreit in Ihrem eigenen Leben voranzugehen. Schauen Sie sich das Genogramm daraufhin noch einmal an oder erstellen Sie eins speziell für übernommene Muster.

Noch ein Hinweis: Machen Sie es sich bei alldem, was hier vorgestellt wird, nicht zu schwer. Beschäftigen Sie sich auf die eine oder andere hier vorgestellte Weise mit dem Thema der übernommenen Muster und Lasten – und lassen Sie Ihr körpereigenes Energiesystem dann in Ruhe damit arbeiten, ohne sich anzustrengen oder sich vom Kopf her zu sehr einzumischen. Heilung geschieht auf der sehr subtilen energetischen Ebene. Mit alldem, was Sie durch dieses Buch angeregt tun, stoßen Sie Heilung an. Selbst beim bloßen Lesen wachsen Ihnen gewissermaßen schon Wurzeln, gesunde, kräftige Wurzeln, mit denen Sie reine Lebenskraft aufnehmen können.

Das Ritual des Zurückgebens

Nun kommen wir zu dem mehrfach angekündigten Ritual. Es wirkt meist ungeheuer erleichternd, wenn wir all das, was gar nicht zu uns gehört, was wir nur übernommen haben, an diejenigen zurückgeben, von denen es stammt. Dabei geht es darum, in Würde und Achtung vor den Ahnen sinngemäß zu sagen: »Nehmt die Energie zurück, die ich für euch getragen habe. Ich habe sie vielleicht unbewusst getragen, ursprünglich jedoch habe ich sie aus Liebe für und aus Achtung vor euch übernommen. Doch ich habe festgestellt, dass diese Energie gar nicht zu mir selbst gehört und auch nicht zu mir passt. Deswegen gebe ich sie euch zurück. Denn jede Energie kann nur von dem gut getragen werden, zu dem sie gehört.«

◎ Um dieses Zurückgeben wirklich passieren zu lassen, braucht es gewissermaßen eine Sichtbarmachung der beiden Seiten: dessen, der abgibt, und derjenigen, an die abgegeben wird. Dafür gestalte ich das Ahnenfeld nach, um dieses Feld wirklich im Raum erlebbar werden zu lassen. Ich nehme dafür dreißig Teelichter, es können auch dreißig kleine Steine sein, und lege sie im Raum auf dem Boden aus.

◎ Ausgehend von einem Menschen heute, stelle ich die ersten beiden Teelichter mit etwas Abstand zueinander vor ihn hin. Sie sind die Stellvertreter für seine Eltern – ein Licht oder auch Stein für die Mutter, eins für den Vater. Schaut das heutige Individuum weg vom Ahnenfeld, das gerade entsteht, hat es hinter sich rechts den Stein für seinen Vater und links den für seine Mutter. Andersherum: Schaut der heutige Mensch auf sein Ahnenfeld, sind die weiblichen Vorfahren rechts und die männlichen links.

◎ Es liegen nun also zwei Objekte im Raum, Repräsentanten für die Eltern. Es ist dabei nicht wesentlich, ob diese Eltern (oder auch die Großeltern) noch leben oder bereits gestorben und dabei im eigentlichen Sinne Ahnen sind. In der rituellen Arbeit sind alle Vorfahren Ahnen und erhalten daher über einen Stellvertreter sichtbar und spürbar gemacht ihren Platz im System. Sie legen also auch für noch lebende Eltern oder Großeltern einen Stein oder ein Teelicht aus und begrüßen diese »Ahnen« bei der Arbeit als solche.

- Hinter jeden dieser Steine oder hinter jede dieser Kerzen für die Eltern kommen nun zwei weitere: Sie stehen auf der rechten Seite für Vater und Mutter des Vaters und auf der linken Seite für Vater und Mutter der Mutter. Wieder steht jeweils der Vater rechts und die Mutter links, wenn Sohn oder Tochter nach vorn, in die Zukunft, weg von den Vorfahren schaut. Damit wurde die Großelterngeneration ausgelegt: Großvater und Großmutter väterlicher- wie auch mütterlicherseits.

- In der nächsten Reihe wird das Muster wiederholt. Nun werden bereits acht Steine oder Kerzen benötigt, denn hinter jedem aus der Großelterngeneration kommen nun Mutter und Vater: die acht Urgroßeltern der Ausgangsperson. Hinter deren Großmutter mütterlicherseits stehen deren Vater und Mutter, hinter dem Großvater mütterlicherseits dessen Vater und Mutter und das Gleiche auf der väterlichen Seite. Es ist nicht wichtig, ob diese Menschen heute noch bekannt sind, ob die Ausgangsperson ein Bild von ihnen hat oder nicht. Es können auch gesichtslose Ahnen sein. Fakt ist, dass sie existiert haben, sonst wäre die Ahnenreihe abgerissen. Jeder Mensch hat auf der biologischen Ebene Vater und Mutter, und so sind diese auf jeden Fall Teil des Ahnenfeldes.

◎ In der nächsten Reihe sind schon sechzehn Steine oder Kerzen nötig. Hinter jedem Stellvertreter der bereits liegenden letzten Reihe kommen wieder zwei neue: einer für den jeweiligen Vater, einer für die jeweilige Mutter. Die weiteren Generationen berücksichtige ich nicht, denn bis zu ihnen reicht unsere Erinnerung so gut wie nie. Als Feld aber sind auch diese Ahnen »anwesend«.

Auf genau diese gleiche Weise empfehle ich Ihnen, mit dem nun folgenden Ritual zu arbeiten. Die Abbildung auf Seite 163 zeigt Ihnen auf einen Blick, wie die Stellvertreter ausgelegt werden.

Um weibliche und männliche Ahnen unterscheiden zu können, lassen sich auch Teelichter in unterschiedlichen Farben oder Steine in unterschiedlichen Formen oder Farben nutzen. Auch kleine Kärtchen aus Karton, auf denen Sie einen Kreis für weibliche Ahnen und ein Quadrat für männliche Ahnen zeichnen, können Sie verwenden. Diese optisch auffällige Unterscheidung empfiehlt sich meiner Erfahrung nach vor allem dann, wenn mit einem Frauenthema oder einem Männerthema gearbeitet wird.

Ganz allgemein rate ich dazu, sich das Ahnenfeld so zu gestalten, dass es stimmig ist und für Sie persönlich auch eine gewisse Schönheit ausstrahlt.

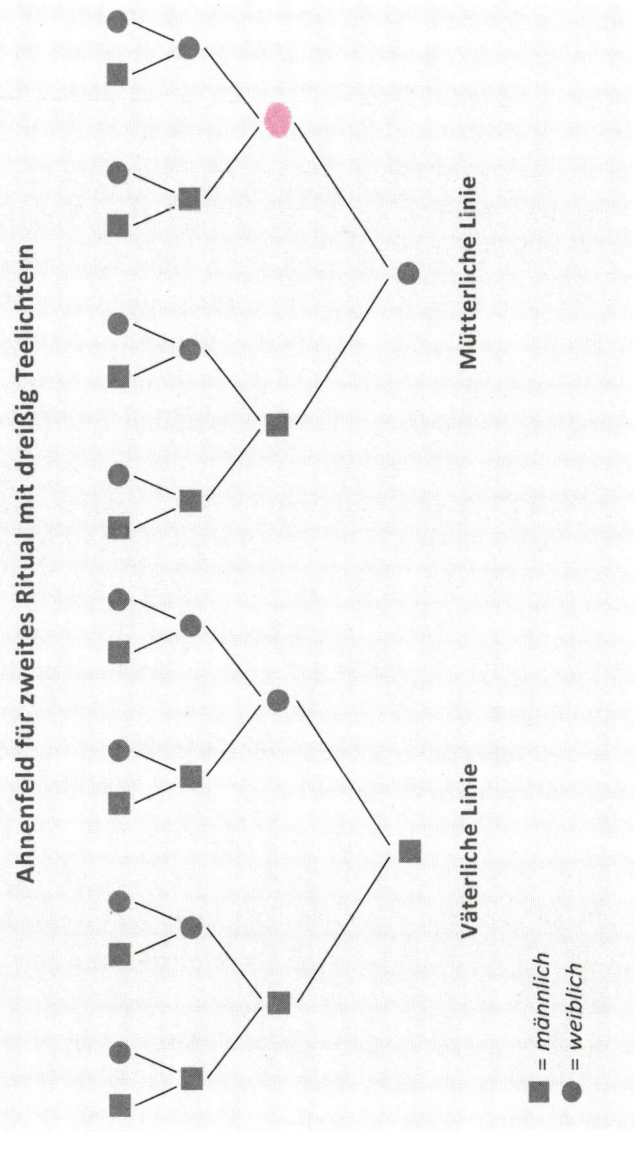

Ahnenfeld für zweites Ritual mit dreißig Teelichtern

Mütterliche Linie

Väterliche Linie

■ = männlich
● = weiblich

Natürlich gehören zu diesen vier Generationen noch viele weitere Menschen, die nicht direkt als Stellvertreter sichtbar gemacht werden: Geschwister, frühere oder spätere Ehepartner, all die Personen, die eine Verwandtschaft über die Jahrzehnte ausmachen. Auf energetischer Ebene sind all diese Menschen Teil des Feldes – ob Sie sie kennen oder jemals von ihnen gehört haben oder hören werden, ist nicht wichtig. Wenn Sie Ihr Feld im Ritual auslegen, können Sie im Bewusstsein halten, dass es sehr viel größer beziehungsweise dichter ist, als Sie es mit Ihren Teelichtern oder Steinen darstellen. Es würde aber extrem unübersichtlich und unpraktisch werden, es so auszulegen, wie es der biologischen und historischen Realität nach sein müsste. Intensivste Recherchen wären nötig, die aber oft dennoch nicht das absolut vollständige Bild erbringen könnten. Für die systemische und rituelle Arbeit ist das ohnehin nicht nötig. Hier arbeiten wir mit der Energie, die im System wirkt und von uns beeinflusst werden kann.

Das gleiche Prinzip gilt auch für die Inhalte, für die Muster und Anschauungen oder einfach Energien, die zurückgegeben werden sollen. Zur Vorbereitung kann es natürlich hilfreich sein, wenn Sie ein wenig in Ihre Geschichte eintauchen, um sich bewusst zu machen, was Sie für Ihre Vorfahren tragen. Mit den Übungen und Zusammenhängen, die Sie bis hierhin bereits kennengelernt haben, wissen Sie sicherlich schon eine ganze Menge darüber. Für das Ritual ist es aber nicht wichtig, dass Sie wissen, was Sie ganz konkret zurückgeben wollen, und auch nicht, ob es in die väterliche oder mütterliche Linie gehört. Auf der energetischen Ebene zählt maßgeblich die Absicht, dass Sie das zurückgeben wollen, was nicht zu Ihnen gehört und Ihnen das Leben schwerer als nötig macht. Wenn Sie allerdings konkret wissen, was Sie wieder übergeben möchten, können Sie das im Bewusstsein halten. Natürlich ist es auch möglich, einem bestimmten Ahnen oder einer bestimmten Gruppe von Ahnen eine spezielle Energie zurückzugeben, wenn Sie darum wissen. Auch dafür können Sie dieses Ritual anwenden.

Ritual
Übernommenes zurückgeben

Vorbereitung

◉ Nehmen Sie sich für dieses Ritual ausreichend Zeit und gestalten Sie sich einen geeigneten Raum. Vielleicht sollten Sie ein paar Sessel oder einen Tisch beiseiteräumen, um ausreichend Platz auf dem Boden zu haben. Denn für dieses Ritual werden Sie das gesamte Feld Ihrer Ahnen über vier Generationen wie beschrieben mit Teelichtern oder anderen Stellvertretern vor sich auslegen. Natürlich könnten Sie das auch auf einem Tisch tun, das würde ich aber nur als Notlösung empfehlen. Liegt das Ahnenfeld tatsächlich »greifbar« vor Ihnen auf dem Boden, können Sie es sinnlich erspüren, Sie können sich hineinbegeben – Ihre Arbeit wird umso tiefer gehen.

◉ Legen Sie sich dreißig Stellvertreter für Ihre zentralen Ahnen zurecht. Das können Teelichter sein (dafür brauchen Sie allerdings aus Sicherheitsgründen schon einen recht großen Raum), kleine oder größere Steine, mit Kreisen für weibliche Ahnen bzw. Quadraten für männliche Ahnen bemalte Kärtchen oder was auch immer Sie bei diesem Ritual verwenden wollen.

◉ Außerdem brauchen Sie einen Stein, der auch etwas größer sein kann. In ihn werden Sie im Ritual all die Energien hineingeben, die Sie jetzt zurückgeben möchten. Diesen Stein können Sie, ähnlich wie beim ersten Ritual, bei einem Spaziergang aus der Natur mitnehmen oder Sie haben bereits einen geeigneten Stein bei sich zu Hause. Es sollte nur nicht der gleiche wie beim ersten Ritual sein.

Das eigentliche Ritual

◉ Wenn Sie Ihren Platz gefunden haben und die Stellvertreter bereitliegen, können Sie sich wieder Ihren kleinen Altar einrichten, sich selbst und den Raum noch etwas räuchern und damit reinigen und vorbereiten. Halten Sie inne, um sich zu sammeln und die geistige Welt oder was immer Ihnen heilig ist, um Unterstützung zu bitten. Vielleicht wollen Sie auch einen heiligen Raum erschaffen, indem Sie die vier Himmelsrichtungen sowie Vater Himmel und Mutter Erde einladen, bei diesem Ritual mit Ihnen zu sein.

◉ Legen Sie nun die Stellvertreter in Ihrem Raum aus, in genau der Weise, wie ich sie oben beschrieben habe. Behandeln

Sie jeden Stein, jedes Teelicht mit der Bewusstheit, dass es für einen Menschen, für sein gesamtes, umfassendes und vielschichtiges Sein steht. Beginnen Sie bei Ihren Eltern, legen Sie dahinter die Teelichter oder Steine für deren Eltern, also für Ihre Großeltern, dahinter die acht Urgroßeltern und die sechzehn Ururgroßeltern. Gehen Sie ganz in Ruhe vor, lassen Sie sich Zeit und arbeiten Sie mit großer Achtsamkeit und Bewusstheit für das, was Sie tun. In einem Ritual hat alles, was geschieht, eine tiefere oder, anders ausgedrückt, übergeordnete Bedeutung.

◉ Wenn Sie Teelichter benutzen, ist es jetzt Zeit, sie anzuzünden. Tun Sie das mit viel Ruhe und begrüßen Sie dabei die einzelnen Vorfahren. Beginnen Sie beispielsweise auf der mütterlichen Seite, zünden Sie das Teelicht an, das für Ihre Mutter steht, und begrüßen Sie sie, laden Sie sie zu diesem Ritual zu sich ein. Weiter geht es mit der Großmutter, den beiden Urgroßmüttern und den Ururgroßmüttern. Danach entzünden Sie all die Teelichter der weiblichen Vorfahren auf der väterlichen Seite.

◉ Ebenso verfahren Sie dann mit Ihrem Vater und all seinen männlichen Vorfahren, und danach entzünden Sie die Kerzen bei den Männern in der mütterlichen Linie. Natürlich können Sie auch nach einem anderen Muster vorgehen. Wichtig ist nur, dass Sie Ihre Ahnen beim Entfachen der Lichter ins Bewusstsein nehmen und begrüßen. So laden Sie die Energien Ihres gesamten Ahnenfeldes für dieses Ritual zu sich ein. (Arbeiten Sie ausschließlich mit Steinen oder auch Kärtchen, dann können Sie diese ganz individuellen

Begrüßungen machen, während Sie die Gegenstände im Raum auslegen.)

◎ Stellen oder setzen Sie sich nun vor Ihr Ahnenfeld und schauen Sie auf die Steine, Kärtchen oder Teelichter. Verbinden Sie sich noch einmal mit der geistigen Welt, Ihrem spirituellen Ahnen oder einem anderen geistigen Helfer. Sprechen Sie nun Ihre Ahnen alle gemeinsam wie in einem Gebet noch einmal an. Sagen Sie so etwas wie:

»Liebe Ahnen, ich begrüße euch hier bei diesem Ritual. Ich danke euch, dass ihr mit mir seid.«

Während Sie dies sprechen, können Sie den Ahnen mit einer Feder oder mit der Hand auch etwas Rauch von Ihrem Räucherwerk zufächern – wie eine Gabe an die geistigen Sphären.

◎ Erklären Sie Ihren Vorfahren auch die Absicht Ihres Rituals:

»Liebe Ahnen, heute möchte ich euch all das zurückgeben, was ich für euch getragen habe. Alles, was nicht zu mir gehört. Seinen rechten Platz hat es bei euch, und darum gebe ich es euch heute zurück. Ich habe es für euch getragen, und in Achtung vor euch gebe ich es euch heute zurück.«

◎ Setzen Sie sich nun wieder Ihrem Ahnenfeld gegenüber und nehmen Sie den größeren Stein. Halten Sie ihn am besten mit beiden Händen und sammeln Sie sich. Konzentrieren Sie sich ganz auf das, was Sie Ihren Ahnen heute zurückgeben möchten. Vielleicht steigen Bilder, Gedanken oder Empfindungen zu konkreten Mustern, Glaubenssätzen oder Weltanschauungen in Ihnen auf, vielleicht sind es grundlegende Gefühle dem Leben oder anderen Menschen, auch sich selbst oder der Familie gegenüber. Machen Sie sich all das bewusst – konkret oder einfach als ein Bündel an Energie – und lassen Sie es in den Stein in Ihren Händen fließen. Lassen Sie all das in diesen Stein strömen, was Sie Ihren Vorfahren jetzt zurückgeben möchten, weil es nicht zu Ihnen selbst gehört. Tun Sie es in Achtsamkeit und mit Wertschätzung. Lassen Sie sich Zeit dabei, beten Sie in Ruhe alles in diesen Stein hinein, der in Ihren Händen liegt.

◎ Stehen Sie jetzt auf und stellen Sie sich Ihrem Ahnenfeld gegenüber. Es geht jetzt darum, den Stein mit alldem, was Sie zurückgeben möchten, in das Ahnenfeld hinein abzulegen. Lassen Sie sich Zeit dafür, es ist ein ganz entscheidender Moment dieses Rituals, mit dem Sie all das, was nicht zu Ihnen gehört, tatsächlich loslassen werden. Spüren Sie nach, an welche Stelle in dem Feld vor Ihnen der Stein zu liegen kommen sollte. Der Stein gehört meist etwas tiefer ins Ahnenfeld hinein. Möglicherweise auf die männliche Seite, vielleicht auf die Seite Ihrer Mutter und deren Vorfahren oder auch in die Mitte, wenn es nicht eindeutig ist.

◎ Wenn Sie konkret wissen, was Sie zurückgeben, können Sie es zu genau dem Ahnen bringen, zu dem es gehört. Sie müssen aber nicht wissen, von welchem Vorfahren oder welcher Generation genau es stammt. Das ist nicht wichtig, zumal Sie vielleicht Energien von mehreren Quellen zurückgeben möchten. Sammeln Sie sich also mit Blick auf Ihre Ahnen, und wenn Sie so weit sind, treten Sie einen oder ein paar Schritte in das Feld hinein und finden Sie intuitiv den Platz für den Stein, der Ihnen stimmig erscheint.

◉ Möglicherweise haben Sie auch das Gefühl, dass das, was Sie zurückgeben möchten, sehr viel älter ist. Gehen Sie dann immer tiefer in Ihr Ahnenfeld hinein, vielleicht sogar darüber hinaus, bis hinter die vierte Generation, für die Sie Stellvertreter ausgelegt haben. Auch eine solche uralte Energie kann an die richtige Stelle zurückgebracht werden, dorthin, wo ihr Platz ist.

◉ Vielleicht fühlen Sie sich von einer Stelle wie magisch angezogen. Vertrauen Sie darauf, dass Sie die Welt der Ahnen auch im Ritual führt.

◉ Verbeugen Sie sich vor dem oder den Ahnen, zu denen Sie den Stein bringen. Sprechen Sie dabei aus, worum es Ihnen geht. Sagen Sie beispielsweise:
»Liebe Großmutter/lieber Urgroßvater/liebe Generation meiner Ururgroßeltern/liebe Ahnen, mit diesem Stein gebe ich euch die Energien zurück, die euch gehören. Viele Jahre lang habe ich sie für euch getragen. Ich habe sie in Achtung und mit Liebe getragen. Doch mir ist bewusst geworden, dass diese Energien/diese Emotionen/diese Kräfte/diese Ideen/diese Weltanschauungen nicht zu mir gehören. Sie entsprechen nicht meinem Wesen, sondern ich habe sie von euch übernommen. Ihr ordnungsgemäßer Platz ist bei euch, für mich sind sie zu einer Last geworden, die mich behindert. Deswegen gebe ich sie heute mit diesem Stein, den ich hier im Ahnenfeld ablege, an euch zurück. Auf diese Weise werdet ihr vollständig, alles kommt in die richtige Ordnung.«

◉ Legen Sie den Stein jetzt ab.

◉ Verbeugen Sie sich noch einmal vor Ihren Ahnen in Achtung

vor ihnen und ihrem Leben und mit Erleichterung und Dankbarkeit darüber, dass sie die zu ihnen gehörenden Energien jetzt zurücknehmen, dass sie den Stein mit all diesen Energien annehmen und all das, was Sie getragen haben, wieder zu sich nehmen, an den Platz, an den es gehört.

- Atmen Sie noch ein paarmal tief durch und lassen Sie dabei wirklich all diese übernommenen Energien dort, wo jetzt der Stein liegt. Gehen Sie dann langsam zurück zu Ihrem Platz vor dem Ahnenfeld. Vielleicht wollen Sie sich mit dem Rücken zu Ihren Vorfahren stellen, ein Stück vor Ihre Eltern, der Vater steht dann hinter Ihrer rechten Schulter, die Mutter hinter Ihrer linken. Sie spüren, wie all die Schwere und die Bürden hinter Ihnen liegen. Sie haben sie bei den Ahnen abgelegt und hinter sich gelassen, zu denen sie gehören. Sie sind jetzt frei und vielleicht spüren Sie auch die damit einhergehende Erleichterung.

- Drehen Sie sich zum Abschluss mit dem Gesicht wieder zu Ihren Ahnen. Danken Sie ihnen dafür, dass sie heute hier bei Ihnen waren und dieses Ritual mit Ihnen gemeinsam erfolgreich werden ließen. Verabschieden Sie sich, indem Sie so etwas sagen wie:

»Ich danke euch dafür, dass ihr da wart, und bitte euch, nun wieder dorthin zu gehen, wo ihr zu Hause seid.«

Verabschieden Sie sich auch von Ihrem spirituellen Ahnen und von den geistigen Helfern, die Sie anfangs eingeladen hatten. Damit beenden Sie das Ritual.

- Räumen Sie ganz in Ruhe und voller Achtsamkeit die Stellvertreter wieder weg – wenn es Teelichter waren, löschen Sie die Lichter, die Steine sammeln Sie ein. Entlassen Sie diese Gegenstände aus ihren Stellvertreterfunktionen, indem Sie zu ihnen sagen:

»Ihr seid jetzt Teelichter/Steine und nur noch Teelichter/ Steine.«

Die Steine können Sie später wieder in die Natur bringen, wenn Sie das möchten.

Nachbereitung

◉ Auch den größeren Stein entlassen Sie nach dem Ritual aus seiner Funktion. Auch er ist jetzt nur noch ein Stein. Dennoch wird er vielleicht in Ihrem Gefühl weiterhin mit diesen schweren Energien aus dem Ahnenfeld verbunden sein. Deswegen würde ich nicht empfehlen, dass Sie ihn weiter bei sich, auf Ihrem Altar oder in Ihren Wohnräumen lassen. Sie können ihn stattdessen auf einen Friedhof zu Ihren Ahnen bringen, vielleicht auch zu einer Kriegsgedenkstätte. Oder Sie übergeben ihn Mutter Natur, die immer wieder alles wandelt und transformiert. So wird sie auch diesen Stein gut annehmen und seine Energie umwandeln und reinigen können.

Dieses Ritual kann ein wirklicher Meilenstein auf dem persönlichen Weg zur Heilung sein. Oft ist eine enorme Erleichterung spürbar, sobald man den Stein abgelegt hat. Viele Seminarteilnehmer berichteten auch davon, dass dieser Stein immer schwerer und schwerer geworden ist, während sie all das Alte und Belastende in ihn hineinfließen ließen, und oftmals auch dann noch, wenn sie im Ahnenfeld standen und zu den Vorfahren sprachen. Sobald der Stein dann aber an der Stelle, die sich richtig anfühlte, seinen Platz gefunden hatte, war eine große Befreiung spürbar.

Die »richtige« Stelle übrigens ist für sehr viele Menschen weit hinten, hinter den vier ausgelegten Ahnenreihen irgendwo in der Mitte zwischen der väterlichen und der mütterlichen Linie. Das Zurückgegebene wurde also keinem bestimmten Ahnen und keiner bestimmten Generation oder Linie zugeordnet. Vielmehr fühlten die Teilnehmer im Ritual, dass all die Vorfahren im gesamten Feld ihren Teil zu den Mustern beigetragen hatten und selbst ihren Teil daran tragen mussten.

Bevor Sie das Ritual für sich selbst durchführen, empfiehlt es sich, den obigen Anleitungstext mehrmals zu lesen, um genau zu verinnerlichen, welche Schritte aufeinanderfolgen. Insbesondere der Aufbau des Feldes klingt zunächst kompliziert, wird aber ganz einfach, sobald Sie ihn sich einmal vergegenwärtigt haben.

Auch dieses Ritual im Folgenden noch einmal im Überblick.

Das zweite Ritual im Überblick
Übernommenes zurückgeben

◎ **Raum gestalten** – ausreichend Platz schaffen.

◎ **Dreißig Stellvertreter** zurechtlegen – Teelichter, Steine, bemalte Kärtchen. Zudem ein (größerer) Stein, der die alten Energien stellvertretend aufnehmen wird.

◎ **Altar einrichten und heiligen Raum schaffen** – sich selbst und den Raum räuchern, Verbindung zur geistigen Welt und zum spirituellen Ahnen aufnehmen. Eventuell die vier Himmelsrichtungen sowie Vater Himmel und Mutter Erde einladen und um Unterstützung bitten.

◎ **Stellvertreter** nach dem beschriebenen Muster im Raum **auslegen**, ganz im Bewusstsein der einzelnen Ahnen.

◎ Wenn Sie **Teelichter** nutzen: sie **anzünden** und die einzelnen Vorfahren dabei begrüßen.

◎ Vor dem Ahnenfeld innehalten, sich erneut mit der geistigen Welt verbinden und die Ahnen insgesamt begrüßen, das **Anliegen des Rituals** aussprechen:
»Liebe Ahnen, heute möchte ich euch all das zurückgeben, was ich für euch getragen habe ...«

◎ All die Energien, die für die Ahnen getragen wurden, innerlich gesammelt **in den Stein fließen lassen**.

◎ **Die Stelle im Ahnenfeld erspüren**, an die der Stein gelegt werden soll, an die das Getragene gehört.

- **Zu dieser Stelle hingehen**, sich vor dem entsprechenden Ahnen (einer oder mehrere) verbeugen:
  »Lieber Ahne, liebe Ahnin, liebe Ahnen, mit diesem Stein gebe ich euch die Energien zurück, die euch gehören ...«
- Den **Stein ablegen**.
- Ausatmend wirklich **alle fremden Energien dort lassen** und wieder aus dem Ahnenfeld heraustreten.
- Dank und Verabschiedung. Abschluss des Rituals.
- **Stellvertreter einsammeln** und aus ihrer Funktion entlassen.
- Den **größeren Stein** ebenfalls entlassen und in die Natur oder an einen geeigneten Ahnenplatz bringen.

Eine Verbeugung voller Symbolkraft

Beim Zurücklegen des Steins in das symbolische Ahnenfeld empfehle ich, sich vor den Vorfahren zu verbeugen. So klein dieses Detail ist, so wichtig ist es doch als Element dieses und anderer Rituale. Indem Sie an dieser Stelle den Kopf vor Ihren Vorfahren neigen, sagen Sie gewissermaßen: »Ihr seid die Alten, ich bin kleiner, ich bin das Kind. Ich habe mir angemaßt, etwas für euch zu tragen, was nicht zu mir gehört. Und jetzt gebe ich es euch zurück und stelle damit die Ordnung wieder her. Ich ehre euch als das Kind, das diese Schwere nicht zu tragen braucht, da es eure Schwere ist und nur ihr sie würdevoll tragen könnt.«

In der systemischen Arbeit und beim Familienaufstellen werden ähnliche Sätze gesprochen, wenn die Therapie an dem Punkt angelangt ist, an dem die Unordnung aufgelöst und die Ordnung wiederhergestellt wird. Dann sagt jemand beispielsweise zu seinem Großvater: »Danke, dass du Möglichkeiten gefunden hast, mit diesem schweren Schicksal umzugehen. Bitte schau freundlich auf mich, wenn ich es ab jetzt anders mache.«

Indem wir die Verträge auflösen, die in der Vergangenheit geschlossen wurden, schaffen wir nicht zuletzt ein Bewusstsein für unsere Verantwortung. Ausgesöhnt mit unseren Vorfahren und ihrer Art, das Leben und seine Herausforderungen anzupacken, gehen wir unsere eigenen Wege. Und wenn wir ehrlich sind, wissen wir dabei, dass auch wir unseren Nachfahren sicherlich noch das eine oder andere an Aufräumarbeiten lassen werden. Zum einen natürlich, weil wir wie alle unsere Vorfahren nicht fehlerfrei sind. Hinzu kommt, dass sich im Lauf der Zeit und der kollektiven Menschheitsentwicklung viel im Denken und Glauben verändert. Wer vor zweitausend Jahren Sklaven hielt, dachte vielleicht nicht, dass er etwas in irgendeiner Weise Falsches tut. Wer Mädchen vor zweihundert Jahren von Bildung oder zumindest höherer Bildung ausschloss, ebenfalls nicht. Heute jedoch wissen wir um die schmerzhaften Folgen solcher Einstellungen. Aber auch was wir selbst heute nach bestem Wissen und Gewissen ordnen, entscheiden und tun, kann für unsere Enkel Stein des Anstoßes werden, aus ihrer Sicht ganz neu ordnend und lösend im Ahnenfeld aktiv zu werden.

Mitgefühl wachsen lassen

Das Ritual des Zurückgebens und all die anderen Möglichkeiten, die ich Ihnen bis hierhin vorgestellt habe, führen zu einem enormen Aufschwung an Lebenskraft, Lebensfreude und Selbstbewusstsein. Außerdem lassen sie eine der wertvollsten Qualitäten des Menschseins entstehen und wachsen: Mitgefühl. Wir erleben aus einer neuen, sehr bewusst eingenommenen Distanz das Feld der Menschen, von denen wir abstammen und von denen wir in unseren ersten, noch gänzlich unbewussten und äußerst empfänglichen Jahren alles übernommen haben, was diese vom Leben wussten und vom Leben hielten. Wir erleben diese Menschen ganz neu und erkennen aus dem Abstand und im Bewusstsein unserer eigenen Verantwortung für unser Leben, auf der Basis welchen geistigen und emotionalen Erbes sie selbst ihre Persönlichkeit und ihre Lebensauffassung geformt haben. Wir fühlen nach, welche Nöte sie damals angetrieben haben, welches Leid sie erfahren mussten, welchen Schmerz sie vielleicht aus selbst gemachten Fehlern erlitten, welche kleinen oder großen Freuden sie sich gönnten. Wir begreifen diese Menschen mit einem objektiven, neutralen, wohlwollenden Blick wie Fremde, die doch so viel mit uns gemeinsam haben. Wir sehen unsere Großmutter, die wir immer als gefühlskalt wahrnahmen, vielleicht plötzlich als Kind einer depressiven, allein erziehenden Mutter, die sich phasenweise wochenlang nicht richtig um das Kind kümmern konnte. Die Kleine musste dann alles daransetzen, dass der Karren weiterläuft, dass die

Mutter funktionierte und somit etwas zu essen auf den Tisch kam. Entdecken wir solche Geschichten, sind wir voller Mitgefühl.

So wie wir als Folge unendlich vieler Parameter und Umstände zu dem geworden sind, was wir heute sind, so sind auch unsere Vorfahren zu den Menschen geworden, als die wir sie erlebt und in der Erinnerung bewahrt haben.

Unser Bewusstwerdungsprozess offenbart uns neben vielem Schrecklichen oder zumindest Ungünstigem eine ganze Reihe von Schätzen, die wir nun in unserem eigenen Leben vermehren und weitergeben können. Aus der dabei erlebten Dankbarkeit entsteht eine ganz neue Form der Nähe zu unseren Ahnen, die plötzlich unser tiefstes Mitgefühl für all das haben, was sie erlebt und was sie daraus geschlussfolgert haben. Es sind Menschen wie wir selbst, die auf eine mehr oder minder geschickte Weise immer nur versucht haben, das Richtige zu tun und glücklich zu sein.

MIT DEN AHNEN
IN DIE ZUKUNFT

Die schwierigen Schritte sind nun gemacht. Sie haben Ihre Ahnen ins Familienfeld hereingenommen und das Feld so segensreich vervollständigt. Sie haben ein Bewusstsein geschaffen, um allen Ahnen möglichst wertschätzend zu begegnen, haben eine Menge gereinigt und gelöst, in Ordnung und in Fluss gebracht. Sie haben Fremdes und nicht zu Ihnen Gehörendes zurückgegeben. Sie sind nun frei und auch wirklich offen, den Blick nach vorn zu richten und mit Zuversicht und neuer Kraft auf Ihre Zukunft zu schauen.

Ein weiteres großes Ritual, das Sie im Folgenden kennenlernen, lässt Ihnen alles zufließen, was Ihr Ahnenfeld an Schätzen für Sie bereithält. Von den Teilnehmern meiner Seminare erhalte ich regelmäßig das Feedback, dass ihnen insbesondere dieses dritte große Ritual ein Bewusstsein für das unendlich vielfältige Potenzial geschenkt hat, das die Vorfahren für sie bereithalten. Anfangs hatte ich Ihnen einmal vorgerechnet, dass Sie auf 254 Vorfahren kommen, wenn Sie über sieben Generationen ausschließlich die Väter und Mütter Ihrer Eltern und deren Eltern und so weiter betrachten. All diese Menschen, zu denen ja noch eine große Zahl an Geschwistern und möglicherweise auch weiteren Partnern kommt, hatten ihre jeweils individuellen Qualitäten und Fähigkeiten. Es ist ein Meer an Möglichkeiten: Wie viele Richtungen an Berufen mag es wohl gegeben haben? Wie viele Menschentypen waren da? Auf wie viele Weisen mögen die vielen Charaktere ihre unterschiedlichen Qualitäten ausgedrückt haben?

Ihnen wird ein unermesslicher Reichtum an menschlicher Schönheit und Kraft bewusst und damit spürbar. Sie wissen, dass all diese Eigenschaften und Befähigungen Ihrer Vorfahren auch in Ihnen schlummern. Es ist ein reiches Potenzial, das sich Ihnen erschließt. Genau dafür möchte ich Ihnen nun in diesem dritten Teil des Buches Anregungen geben.

»Wer hätten meine Ahnen sein können, wenn es kein schweres Schicksal gegeben hätte?«

Noch einmal komme ich auf diese eingangs schon gestellte Frage zurück, die Sie jetzt möglicherweise in einem ganz neuen Licht betrachten. Ich finde diese Frage so wertvoll, weil sie uns das positive Potenzial bewusst macht, das die Gesamtheit unserer Vorfahren ausmacht. Sie erschließt uns die Schubkraft des Vorwärtsgehens, die unendlichen Entwicklungschancen, die uns das Leben vollständig auskosten lassen.

Stellen wir uns unsere Vorfahren ohne schweres Schicksal vor, spüren wir das enorme Kraftfeld, das sich da auftut.

Dieses Feld macht es uns möglich, unseren höchsten Zielen zu folgen, unsere tiefsten Wünsche wahr werden zu lassen, unseren Sehnsüchten tatsächlich nachzugehen. Wie oft haben Sie schon davon geträumt, etwas ganz Besonderes zu machen? Welcher Sehnsucht im Herzen sind Sie bislang nie gefolgt, weil sie Ihnen zu irreal oder unwahrscheinlich erschien? Wie oft haben Sie sich bei Erzählungen anderer gesagt: »Ach, das würde ich auch gern mal tun.«? Wie gern würden Sie Ihre Wünsche umsetzen, hätten Sie nur ein wenig mehr Mut? Mit der geballten Power Ihres Ahnenfeldes wird viel mehr möglich, als Sie bislang für möglich hielten. Vor allem das dritte Ritual erschließt Ihnen diese Kraft. Aber Sie können auch im Alltäglichen kleine Schritte darauf zumachen.

Wenn Sie zum Beispiel etwas sehr gern tun – oder gern einmal tun würden –, kann das auch zur Identität eines Ihrer Vorfahren gehören. Vielleicht war ein leidenschaftlicher Seemann darunter – und Sie träumen von einem ausgedehnten Segeltörn. Vielleicht sind das geistige Heilen oder die Naturheilkunde Ihre Leidenschaft – und eine frühe Ahnin war eine begnadete Heilerin, eine Meisterin auf diesem Gebiet.

Sie können sich beispielsweise ein wenig Zeit und Ruhe nehmen und sich mit Ihrem spirituellen Ahnen verbinden. Erzählen Sie ihm von Ihrer Sehnsucht und bitten Sie ihn, Sie mit einem Vorfahren in Kontakt zu bringen, der genau diese Qualität gelebt hat, von der Sie bislang nur träumen. Lassen Sie sich überraschen, was sich Ihnen zeigt, was Ihnen einfällt oder was an inneren Bildern auftaucht. Machen Sie eine kleine innere Reise daraus. Wenn Sie in Kontakt mit dem entsprechenden Ahnen gekommen sind, können Sie ihn darum bitten, dass etwas von seiner Energie auf Sie übergeht, oder Sie lassen sich ganz einfach von ihm und all Ihren Wahrnehmungen dazu inspirieren. Viele Menschen spüren schon dabei den Mut, ihrer Sehnsucht nun endlich nachzugehen. Und manchmal tauchen in oder kurz nach einer solchen Übung auch die ersten konkreten Ideen auf, wie dies ganz praktisch passieren kann.

In Verbindung mit Ihren Ahnen können Sie tatsächlich »reich« werden: Sie können die vielfältigsten Facetten in sich entdecken. Denn alles, was die eigenen Vorfahren lebten, gehört auch zu Ihnen, dieser ganze, unendlich vielgestaltige Schatz an Gaben, Fähigkeiten, Qualitäten und lebenspraktischen Eigenschaften. Die folgende Fantasiereise hilft Ihnen, all das in sich zu erwecken, was das Feld der Generationen vor Ihnen für Sie bereithält.

Fantasiereise
Die Gaben meiner Ahnen

Nimm dir etwas Zeit und such dir einen Platz, an dem du ungestört bist und dich wohlfühlst.

Mach es dir auf einem Sofa oder in einem Sessel bequem und spüre, wie gut du von der Unterlage oder der Lehne gehalten wirst. Geh mit deiner Aufmerksamkeit langsam Stück für Stück durch deinen Körper und lass alles in dir zur Ruhe kommen. Langsam vertrauen sich deine Füße der Unterlage an. Und du wanderst weiter hinauf, sodass auch deine Beine sich immer mehr an den Boden abgeben. Du wendest dich deinen Händen zu, die du bequem abgelegt hast, und spürst, wie sich auch deine Arme locker zu beiden Seiten deines Körpers fallen lassen können. Du bemerkst, wie dein Bauch ganz weich dem Atem folgt – beim Einatmen wölbt er sich nach vorn, beim Ausatmen zieht er sich wieder etwas zusammen.

Tief in dir machen sich Ruhe und Zuversicht breit. Dein Gesicht ist entspannt, deine Augen sind geschlossen, und bevor du dich ganz dem inneren Sehen überlässt, formulierst du in dir selbst die Intention für diese Reise: Du möchtest erleben, welche speziellen Gaben und Begabungen deiner Ahnen in dir weiterleben. Und schon tauchen erste Bilder vor deinem inneren Auge auf:

Es ist ganz früher Morgen, kurz vor Sonnenaufgang, und du erwachst an einem schönen Ort ganz nah am Meer. Du erhebst dich und gehst hinaus an den Strand. Alles hier ist ganz ruhig und unberührt. Das Meer hat den weißen Sand vor dir geglättet, alles ist frisch und rein. Der von der Nacht noch kühle Sand lässt deine Füße ganz leicht einsinken, und du spürst ihn weich und fein, wie er sich an deine Fußsohlen schmiegt. Jeder Schritt, den du vorwärts gehst, hinterlässt einen Fußabdruck. Und dir ist bewusst, dass jeder Fußabdruck individuell ist, jeder hat seinen ganz persönlichen Ausdruck in dieser Welt.

Du gehst ein Stück weiter, kannst dabei Bogen laufen oder auch rückwärts. Deine Spuren zeigen deinen Weg. Manchmal ist der Sand etwas weicher, und du sinkst tiefer hinein. Dann ist es mühsamer zu gehen, du kommst nur langsam vom Fleck, und die Spuren, die du hinterlässt, sind umso tiefer. Manchmal ist der Sand auch wieder härter, und da könntest du schneller gehen oder auch hüpfen oder tanzen. Zwischendurch kommen kleine Wellen. Sie überspülen den Sand und umspielen deine Füße, und dann sind deine Spuren für ein Stückchen verschwunden. Dennoch bist du diesen Weg gegangen, auch wenn er nicht mehr zu sehen ist.

Im Weitergehen findest du jetzt einen schönen Platz, der zum Verweilen einlädt. Noch immer ist die Sonne nicht aufgegangen, und so lässt du dich unter einigen Palmen nieder, um noch etwas zu ruhen. Du spürst die milde Meeresbrise auf deiner Haut. Ruhig geht dein Atem, dein Blick wandert nach innen, und du nimmst wahr, wie dein Körper sich mehr und mehr entspannt. Du bist mit deiner Aufmerksamkeit ganz bei dir und sinkst so tiefer und tiefer in die Ruhe. Ein Zustand des inneren Friedens und der Weite macht sich in dir breit. Das sanfte Branden der Wellen am Strand und das leise Rauschen der Palmen hüllen dich ein. Es scheint dir, als könntest du in der Zeitlosigkeit versinken …

Und tatsächlich tauchen nach und nach allerlei Gestalten aus anderen Zeiten vor dir auf. Du siehst sie von allen Seiten her über den Strand laufen und wunderst dich, wo diese vielen unterschiedlichen Menschen jetzt so plötzlich herkommen. Und irgendwie ist die Szenerie auch recht irreal – denn diese Menschen scheinen weder Einheimische noch Urlauber zu sein, sondern Männer und Frauen, wie du sie allenfalls aus Filmen oder aus dem Geschichtsunterricht kennst. Und sie tragen Werkzeuge bei sich, landwirtschaftliches Gerät, einer scheint den Strand mit einem Ochsenkarren zu pflügen, ein anderer formt Skulpturen aus dem feuchten Sand, eine Frau liest anderen aus der Hand. Was ist hier los?

Eine Gestalt erkennst du sofort, und sie kommt gerade jetzt auf dich zugelaufen: deine spirituelle Ahnin, dein spiritueller Ahne. Wie froh bist du, ihn oder sie wiederzusehen. Ihr begrüßt euch herzlich, und sogleich erfährst du, dass all deine Ahnen hierhergekommen sind, um dir die Qualitäten zu zeigen, die sie zu Lebzeiten ausmachten und die sie dir weitergegeben haben: über die Blutslinie ebenso wie über die spirituelle Energie. So schaust du dankbar zu, was sich alles hier vor deinen Augen abspielt. Welch ungeheure Vielfalt an Tätigkeiten, Fertigkeiten und Gaben!

(Kleine Pause)

Der warme Schein der Sonne kitzelt dich plötzlich auf der Nase, und es kommt dir so vor, als wärst du ein wenig eingeschlafen. Verwundert schaust du auf, du hast wohl geträumt, denn alles ist noch wie vorher: Der Strand ist menschenleer, die Sonne zeigt ihre ersten orangeroten Töne. Doch was ist das? Auf dem Strand zeigen sich jetzt viele, ja sehr, sehr viele Fußabdrücke.

Du weißt, es sind die Spuren all derjenigen, die viele Generationen vor dir durchs Leben gegangen sind. Die Spuren deiner Ahnen. Du springst auf, um dir dieses riesige Feld aus Fußabdrücken näher anzusehen. Und was ist hier nicht alles dabei! Große, männliche Spuren, sie fallen dir zuerst auf – vielleicht sind sie von Forschern, Weltentdeckern oder Abenteurern. Du kannst hineintreten in diese Fußabdrücke und erspüren, welche Qualitäten, welche Talente und Fähigkeiten diese Vorfahren hatten. Das Potenzial von Eroberern und Erfindern. Spüre, wie sich diese Energie anfühlt.

(Kleine Pause)

Dann sind da besonders tiefe, kraftvolle Fußabdrücke, die sich wie die Spuren von Kriegern und Rittern anfühlen. Kräfte, die man braucht, um sich zu verteidigen und zu schützen. Steig hinein und fühle ihnen nach.

(Kleine Pause)

Die Ausdruckskraft deiner Ahnen und Vorväter ist so unermesslich, dass du das im Moment gar nicht alles fassen kannst. Da sind Handwerker ebenso wie Bauern, Philosophen oder auch Alchimisten. Ganz intuitiv spürst du jetzt, dass diese gesamte Fülle an Fähigkeiten selbstverständlich auch in dir schlummert, denn du bist ein Nachfahre dieser Menschen. In dir ist der gesamte Erfahrungsschatz gespeichert, alles, was diese Männer erlebten, ist auch in dir, in deinem System verfügbar. Es sind die männlichen Kräfte, widerstandsfähig und robust. Kräfte, die aufstrebend und sehr aktiv sind, die dafür sorgen, dass sich alles bewegt und zielgerichtet vorwärts geht. Die Kraft der Durchsetzung, des Handelns, des Schutzes und der Verteidigung. Spüre sie noch eine Weile, indem du, wenn du magst, von Fußspur zu Fußspur gehst.

(Pause)

Ohne genau zu wissen, was hier alles im Detail schlummert, spürst du ganz intuitiv alle Gaben und Talente, so wie sie auch längst alle in dir wohnen. Du fühlst den tiefen Zugang zu deinen männlichen Potenzialen und du spürst sie tief in dir.

(Kleine Pause)

An diesem Strand gibt es aber auch Spuren, die sich sehr weich und weiblich anfühlen, größere und zarte, kleine. Auch diese Spuren deiner Ahninnen sind ein Teil von dir. So machst du dich auf, auch in ihre Fußstapfen zu treten und die Kräfte von Empfänglichkeit und Fruchtbarkeit wahrzunehmen. Durch viele Generationen sind sie vor dir gegangen, mit der Kraft, das Leben weiterzugeben, die Kinder zu hüten und zu nähren, Krankheiten zu heilen und die Zeichen der Natur zu lesen. Spürst du die Kraft dieser Frauen, wie sie jetzt aus ihren Fußspuren aufsteigt?

(Kleine Pause)

Da sind aber auch die feinen Spuren der Tänzerin, die ihr Publikum begeistert, die wundersame Kraft der Geschichtenerzählerin und die Hingabefähigkeit der Träumerin und der Geliebten. Hier findet sich die Energie der Hüterin des Feuers und auch die der Furie, die schützt, was ihr am Herzen liegt. Spürst du sie?

(Kleine Pause)

Hier sind die Qualitäten von Mütterlichkeit und Großmütterlichkeit, von Amazonen und Verführerinnen. All die weiblichen Potenziale mit den mondhaften und fühlenden Fähigkeiten. Die

Kraft, fürsorglich, aufnahmefähig und empfänglich zu sein. Wie fühlen sie sich für dich an?

(Kleine Pause)

Alle weiblichen Qualitäten spürst du durch deine Füße, durch deine Präsenz. Dabei ist es nicht wichtig, was genau die Fähigkeiten deiner Urahninnen sind, du hast die innere Gewissheit, dass alles bereits in dir vorhanden ist. Lange zuvor schon haben sie das alles an dich weitergegeben, alles ist längst als Gabe in dir. Jetzt aber gewinnst du den tiefen Zugang zu deinen weiblichen Potenzialen und spürst sie bewusst in dir. So unterschiedlich, wie sich das alles anfühlen kann, so sicher bist du dir, dass sich das Wesentliche deutlich in dir manifestiert hat.

(Kleine Pause)

So gehst du noch eine Weile weiter in ihren Spuren, ihren Fußabdrücken und bist verbunden mit der Energie deines gesamten Stammes aus Frauen und Männern, der Kraft deiner Ahnen mit all ihren Fähigkeiten und Talenten.

Du weißt: Jeder hat auf seine Weise seine Gabe ins Leben gebracht, manche ganz leise und beinahe unsichtbar, andere deutlich und für alle nachvollziehbar. Jeder deiner Ahninnen und Ahnen hat dir etwas weitergegeben. Du kannst spüren, wie sich durch deine umherwandernden Füße ihre Gaben, ihre Talente und Fähigkeiten in dir ausbreiten. Spüre, wohin es dich besonders zieht und was diese Spur dir zu geben oder zu erzählen hat.

(Pause)

Nun hebst du den Blick und siehst in einiger Entfernung deinen spirituellen Ahnen auf dich warten. Mit großer Freude, aufrecht und stolz gehst du auf ihn zu. Du spürst, wie all diese Kräfte deiner Ahnen in dir wirken. Und du fühlst dich ermutigt, damit nun auch deine ureigene Kraft zu finden und zu leben.

So kann es jetzt sein, dass dein spiritueller Ahne, deine spirituelle Ahnin dir ein kleines Geschenk übergibt. Es kann ein Symbol für deine persönliche Gabe sein, für deine ureigenen Qualitäten. Es kann auch sein, dass du einen Energiestrom spürst als Zeichen dafür, dass du deine unverkennbare Qualität wiedererkennst und dir dessen bewusst wirst, was du in dieses Leben einbringen willst, welche Spuren du hinterlassen möchtest.

So nimmst du das Geschenk dankbar entgegen und weißt, dass es allmählich Zeit für den Abschied ist. Aufgeladen mit der Energie deiner Vorfahren und ausgestattet mit dem Symbol für deine ureigene Kraft, machst du dich auf den Weg zurück in deine Realität. Du weißt, dass du an diesem Strand jederzeit wieder mit dem einen oder anderen Ahnen in Kontakt treten kannst. Sie sind immer und unter allen Umständen für dich da.

Längst ist es an diesem Strand Abend geworden, und so lässt du deine Füße noch einmal von den sanften Wogen umspülen. Damit lösen sich alle Bilder auf, und du kehrst mit deinem Bewusstsein in deinen Körper zurück. Du bist wieder ganz bewusst mit deinem Atem verbunden und atmest dich in deiner eigenen Zeit sachte ins Hier und Jetzt zurück. Dann dehnst und streckst du dich und tust alles, was dir hilft, wieder im Alltag anzukommen. Die Gaben deiner Ahnen sind mit dir, tief verankert in deinem System. Sie stehen dir fortan immer zur Verfügung. Und wenn du jetzt deine Augen öffnest, bist du dir vielleicht eines unerschütterlichen Lächelns bewusst, denn deine Ahnen freuen sich über dich und sind gespannt darauf, auf welche Weise du deine eigenen Fußabdrücke im weiteren Leben setzen wirst.

Wagen Sie es, allen Ideen und Bildern dieser Reise in sich nachzugehen. Erlauben Sie sich, die Gaben Ihrer Ahnen anzunehmen und gleichzeitig durchaus auch über sie hinauszuwachsen. Sie dürfen anders und Sie dürfen »mehr« sein als sie. Denn Sie sind derjenige, der sich auf den Weg gemacht hat und mit den heutigen Möglichkeiten aktiv an der eigenen persönlichen Entwicklung arbeitet. Es darf Ihnen besser gehen als Ihren Vorfahren. Wenn Sie sich mit allem, was Ihnen zur Verfügung steht, ins Leben hineinentfalten, freut das letztlich auch Ihre Ahnen. Sie wollen unbedingt, dass ihre Fähigkeiten weiterleben und genutzt werden. Tun Sie Ihnen also den Gefallen!

Kraft im Rücken

»Hinter mir steht das gesamte Feld meiner Ahnen. Sie alle unterstützen meinen Weg. Sie sind meine Wurzeln und geben mir mit ihrem ganzen Wohlwollen Kraft für mein Leben und dafür, mein volles Potenzial zu entfalten.«

Diese Aussage und dieses Lebensgefühl, aus tiefstem Herzen empfunden und ausgesprochen, ist das Ergebnis des dritten Rituals, das ich in meinen Seminaren zum Thema Ahnen mit den Teilnehmern durchführe und Ihnen auch hier in diesem Buch mitgeben möchte. Es ist ein großes und mächtiges Ritual, und ich möchte Ihnen zunächst ein wenig davon erzählen, wie ich es in meinen Seminaren handhabe und was die Teilnehmer dabei erleben. Danach erhalten Sie natürlich wieder eine Schritt-für-Schritt-Anleitung, mit der Sie für sich allein oder in einer kleinen Gruppe zu Hause arbeiten können.

Das Kraftfeld der Ahnen erschließen

Mit diesem dritten Ritual entfaltet sich die gesamte positive Kraft aus dem Ahnenfeld, um fortan wirkkräftig hinter uns zu stehen. Mit all der bisherigen Arbeit, mit dem Kennenlernen der Ahnen, mit dem Bewusstmachen, Aufräumen und Anfreunden, mit den beiden vorherigen Ritualen haben wir im Feld bereits intensiv aufgeräumt. Wir haben das Feld vervollständigt, uns von Altem verabschiedet und viel Verständnis und Wertschätzung für unsere Vorfahren gewonnen. Das Feld vor uns erstrahlt jetzt in seinem Glanz und zeigt all die vielschichtigen Facetten unserer Ahnen.

Auf dieser gesunden Basis lässt sich jetzt aufbauen. Und so dient das dritte Ritual der Bewusstheit, dass das gesamte Wohlwollen und die enormen Kräfte unserer Ahnen tatsächlich hinter uns stehen und uns auf unserem Weg beflügeln wollen. Mögen wir vielleicht einen vollkommen anderen Weg gewählt haben, als ihn unsere Vorfahren gingen, mögen wir in ihren Augen etwas zu individuell oder sogar exzentrisch erscheinen – als diejenigen, die vor uns lebten und ihr Blut an uns weitergaben, stehen sie hinter uns. In ihrer erlösten Gestalt, auf der geistigen Ebene, frei von alten Mustern und Bürden, sind sie mit einem großen, uneingeschränkten Ja für uns da. Sie stärken uns den Rücken und freuen sich an unserer Lebenslust und an unseren Erfolgen.

Damit dieses Potenzial auch tatsächlich zum Leben erweckt wird, wird seine Energie im dritten Ritual in allen Zellen Ihres Körpers verankert. Es liefert im wahrsten Sinne des Wortes einen weiteren Drehmoment, wie Sie gleich sehen werden.

Im Seminar beginne ich wieder damit, über einen möglichst großen Raum das Ahnenfeld mit den dreißig Teelichtern auszulegen. Für dieses Ritual empfehle ich, tatsächlich Teelichter zu nehmen – das Leuchten des entstehenden Feldes aus dreißig flackernden Flammen symbolisiert auf ganz eingängige Weise das Licht der Ahnen. Es ist im wahrsten Sinne ihr Licht, das Sie mit diesem Ritual zu sich einladen, die helle, leuchtende Kraft. Außerdem ist die Wirkung eine intensivere: Stellen Sie sich vor, in einem eventuell abgedunkelten Raum haben Sie ein großes Feld aus Kerzen vor sich. Ein flackerndes, leuchtendes Lichtermeer, das all die Kraft, all die wertvollen, dem Leben dienenden Qualitäten repräsentiert, die Ihre Ahnen für Sie bereithalten. Ein solcher Anblick prägt sich tief in uns ein und verstärkt die Kraft dieses Rituals.

Hier geht es darum, dass sich die Teilnehmer ganz intensiv mit diesem Feld verbinden, das unbedingte Wohlwollen der Ahnen spüren und sich mit ihrem Segen und ihrer Kraft in die Zukunft begeben. Auf diese Weise erschließen sie sich das gesamte Potenzial aus diesem unermesslich großen und weiten, vielschichtigen und vielfältigen Feld.

Ganz zentral: das Umdrehen

Einer der wesentlichen Momente ist ein Umdrehen: Jeder Seminarteilnehmer steht einzeln vor seinem Ahnenfeld und schaut auf das beschriebene Lichtermeer. Er hat sich intensiv mit seinen Vorfahren verbunden, hat ihnen gedankt und ihre Kraft gespürt. Und nun dreht er sich um 180 Grad. Er dreht sich von den Ahnen weg. Er dreht ihnen den Rücken zu, um seinen ordnungsgemäßen Platz einzunehmen: nicht rückwärtsgewandt, sondern nach vorn auf die Zukunft gerichtet. Er ist sich während dieses Umdrehens vollkommen bewusst, dass er mit dieser rituellen Handlung des Sich-Wegdrehens all die Schicksale, Geschichten und auch Lasten seiner Ahnen zurücklässt. Er lässt sie in der Vergangenheit, dort, wohin sie gehören, und setzt ein ganz bewusstes Ende der Geschichte. Er dreht sich zur Zukunft hin und er weiß, dass die Kraft seiner Ahnen mit ihm ist. Und so kann er rituell seine ersten Schritte nach vorn tun, stellvertretend für das aktive Gestalten seiner Zukunft in seinem Leben.

Mit diesem Umdrehen geschieht gleichermaßen eine Trennung des Vergangenen in zwei Teile: Zum einen ist da die

vielleicht schwere Geschichte, die zurückgelassen wird. Sie
gehört nicht mehr in die Gegenwart und erst recht nicht in
die Zukunft. Die andere Seite ist die Essenz, die aus all dem
Erlebten gewonnen wurde oder noch weiter gewonnen werden kann. Dieser Teil ist wesentlich. Wie in einem alchimis-
tischen Prozess kann auf dieser Ebene aus dem Vergangenen
Weisheit geschöpft werden. Sie schließt das heutige Wissen
aus der Geschichte mit ein und transformiert die Erfahrungen zu den Qualitäten, die heute hilfreich sind. Und so fließt
es wieder, der Fluss des Lebens erhält in harmonisch kraft-
spendender Weise seine Freiheit zurück.

Dass dabei oftmals auch Tränen fließen, gehört ganz natürlich dazu, wenn die Dinge – zunächst im Inneren und auf
Ritualebene – wieder in Bewegung kommen. Im Seminar ist
das gesamte Ritual daher sehr bewegend und eindrücklich.
Im verdunkelten Raum entzünde ich die Teelichter, die die
Ahnen repräsentieren, und lade diese Wesenheiten ein, bei
diesem Ritual mit anwesend zu sein. Alle Teilnehmer stellen
sich dann in einer Reihe hinter dieses Lichtermeer, also
noch hinter die siebte Generation. Jeder, der das möchte, hat
eine Rahmentrommel in der Hand, und so wird während
der gesamten Dauer des Rituals von diesen vielen Menschen
in einem leisen monotonen Rhythmus getrommelt. Es ist der
Rhythmus, wie er auch die schamanische Reise begleitet, der
Rhythmus, der unserem Gehirn den Übergang ins Nichtall-
tägliche so leicht macht.

Die Teilnehmer sind nun einzeln eingeladen, wann immer
sie so weit sind, ihre Trommel abzulegen und vor das mit

großer Kraft aufgeladene Ahnenfeld zu treten. Jeder geht für sich allein diesen Weg, der Rest der Gruppe wartet beziehungsweise trommelt weiter, um den Einzelnen zu unterstützen. So unternimmt derjenige, der gerade dran ist, seine rituellen Schritte, wie Sie sie gleich noch im Einzelnen kennenlernen werden.

Am Ende steht dann das bereits erwähnte Umdrehen: Mit einem Mal hat der Mensch das komplette Feld mit der Kraft all seiner Ahnen hinter sich, dieses Lichtermeer und dazu das archaisch wirkende Trommeln der gesamten Gruppe, die dem Gefühl nach zu einem Teil dieses unermesslichen Ahnenfeldes geworden ist. Der gerade aktive Teilnehmer spürt ein riesiges Kraftfeld hinter sich. Ein Kraftfeld, das ihm den Rücken stärkt und ihm eine gleichsam magische Energie vermittelt. Hat er diese Kraft verinnerlicht und in die Zellen seines Körpers regelrecht aufgesogen, setzt er seine ersten Schritte in die Zukunft – befreit von allen übernommenen Bürden und zugleich ausgestattet mit dem Wohlwollen seiner versammelten Ahnen.

Für mich ist es immer wieder sehr berührend, dieses Ritual mit stets neuen Menschen zu erleben. Ich glaube, ich kenne nichts Kraftvolleres. Viele gehen im wahrsten Sinne des Wortes überwältigt in die Knie, wenn sie gegen Ende des Rituals diese geballte liebevolle Kraft ihrer eigenen Vorfahren spüren. All die alten schweren Geschichten, alle Verluste und Leiden, die sie vielleicht zuvor mit dem Thema Ahnen verbunden haben, sind zu diesem Zeitpunkt aufgelöst, erhellt, erlöst. Plötzlich ist da ein unermessliches Potenzial an Lebenskraft in ihrer ganzen Vielfalt, das diesem Menschen zur Verfügung steht. Das Gefühl, dass nicht nur einzelne Menschen stützend für ihn da sind, sondern ein regelrechtes Meer an Wesen!

So viel uneingeschränkte Zuwendung und Unterstützung ist sicherlich für die meisten Menschen das Ziel ihres innersten Wesens, die Erfüllung ihrer tiefsten Sehnsucht. Und genau aus diesem unzweifelhaften, mit jeder Faser spürbaren Angenommenseins und diesem Stehen im kraftvollen Fluss der Lebensenergie erwachsen Mut und Stärke, die eigenen Potenziale tatsächlich zu leben und zur Blüte, zur Reife zu bringen. Das Ahnenfeld ist ein Strom an Lebensenergie, der fließen möchte, kraftvoll und freudig, immer zur Zukunft hin. Und in diesem Fluss des Lebens steht der Mensch durch dieses Ritual an der richtigen Stelle: alles Gewesene hinter sich und alles Zukünftige vor sich. Und so strömt der Lebensfluss von hinten mit all seiner Kraft durch den Einzelnen hindurch nach vorn in die Zukunft. Das Leben nimmt in einem harmonischen Sinne Fahrt auf, und die Vorhaben, die diesem Menschen am Herzen liegen, kommen mit deutlich mehr Kraft zum Gelingen.

Das Ritual, das Ihnen die Kraft Ihres Ahnenfeldes erschließt

Sicherlich sind Sie nun daran interessiert, sich ebenfalls diese Kraft zu erschließen. Daher stelle ich Ihnen im Folgenden das dritte Ritual Schritt für Schritt so vor, dass Sie es allein für sich zu Hause oder auch in einer kleinen Gruppe durchführen können. Da es insgesamt, wenn alles genau erklärt werden soll, recht lang ist, habe ich mich für dieses Buch entschieden, es in vier Teile zu gliedern. Sie finden im Folgenden also nach der Vorbereitung vier Ritualteile, wobei jedes für sich stehen kann. Es ist also möglich, diese Teile tatsächlich einzeln ohne die jeweils anderen durchzuführen. Dabei bietet es sich naturgemäß an, zumindest beim ersten Mal die angegebene Reihenfolge einzuhalten. Später können Sie dann einzelne Abschnitte beliebig wiederholen, wenn Ihnen das ein Anliegen ist. Aber Sie können dieses dritte Ritual auch im Ganzen durchführen, dann ziehen Sie die einzelnen Teile einfach zusammen, sodass sich ein ganz organischer Ablauf ergibt.

Obwohl die Beschreibung sehr lang ist, ist das Ritual nicht kompliziert. Sie werden es nach dem vielleicht mehrmaligen Durchlesen gut verinnerlicht haben. Ich möchte Ihnen aber mit dieser Ausführlichkeit auch einen Einblick in die emotionalen Hintergründe geben, die die tiefe Wirkung des Ganzen erst ermöglichen. Für einen raschen Überblick können Sie die Darstellung auf Seite 212 nutzen, dort finden Sie zusammengefasst die Kernelemente des rituellen Handelns.

Die Stellvertreter, also die Teelichter, werden bei diesem Ritual etwas anders verteilt als bei dem Ihnen bereits bekannten Ritual des Zurückgebens. Aber bis zur dritten Generation ist es genauso wie dort. Ab der nächsten Reihe, in der schon sechzehn Steine oder Kerzen nötig wären, wird es nun anders: Sie stellen einfach zwei Teelichter als Stellvertreter für diese gesamte Generation auf die mütterliche und zwei weitere auf die väterliche Seite. Wieder steht das Weibliche links und das Männliche rechts. So verfahren Sie dann mit noch drei weiteren Generationen, sodass sieben Ahnengenerationen vor Ihnen als der Ausgangsperson dargestellt sind. Sie selbst bilden sozusagen die achte Generation.

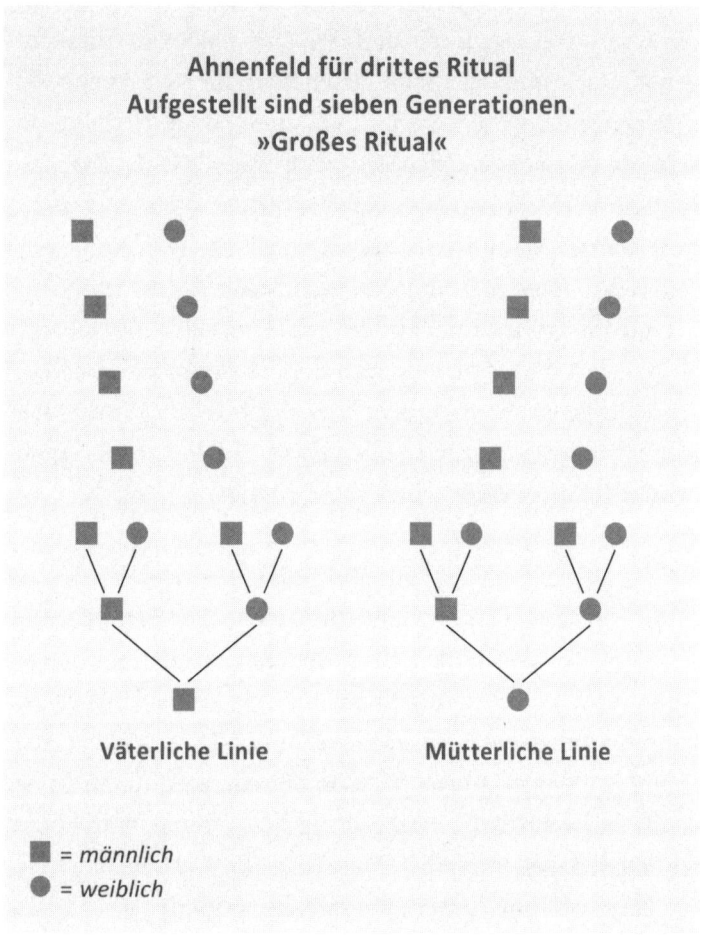

Ahnenfeld für drittes Ritual
Aufgestellt sind sieben Generationen.
»Großes Ritual«

Väterliche Linie   Mütterliche Linie

■ = *männlich*
● = *weiblich*

Das dritte Ritual – Vorbereitung

◎ Nehmen Sie sich für dieses Ritual – ob Sie es im Ganzen oder verteilt auf mehrere Male machen wollen – ausreichend Zeit und gestalten Sie sich Ihren Raum. Auch für dieses Ritual werden Sie das gesamte Feld Ihrer Ahnen über sieben Generationen wie beschrieben mit Teelichtern vor sich auslegen. Legen Sie sich also die dreißig Teelichter für Ihre zentralen Ahnen zurecht.

◎ Nun können Sie sich Ihren kleinen Altar einrichten (oder er steht ohnehin noch da) und den Raum noch etwas räuchern. Sie können auch auf andere Weise einen heiligen Raum schaffen, indem Sie vielleicht die vier Himmelsrichtungen sowie Vater Himmel und Mutter Erde einladen, bei diesem Ritual mit Ihnen zu sein. Sammeln Sie sich und laden Sie die geistige Welt und speziell Ihren spirituellen Ahnen zu sich ein und bitten Sie um Unterstützung.

◎ Legen Sie nun die Stellvertreter in Ihrem Raum aus, in genau der Weise, wie ich sie oben beschrieben habe. Behandeln Sie jedes Teelicht mit der Bewusstheit, dass es für einen Menschen und sein umfassendes Wesen steht. Beginnen Sie bei Ihren Eltern, legen Sie dahinter die Teelichter für deren Eltern, also für Ihre Großeltern, dahinter für die acht Urgroßeltern, und von jetzt ab für vier weitere Generationen jeweils zwei Objekte für die weibliche und zwei für die männliche Seite. Gehen Sie ganz in Ruhe vor, lassen Sie sich Zeit und arbeiten Sie mit großer Achtsamkeit.

Bis hierhin kommen Ihnen die einzelnen Schritte sicherlich bekannt vor. Dennoch ist es wesentlich, sie nicht automatisch oder wie nebenbei zu machen. Die Kraft eines Rituals kommt aus der Bewusstheit, mit der es ausgeführt wird. Lassen Sie also eine ganz besondere feierliche Stimmung aufkommen. Öffnen Sie Ihr Herz und bleiben Sie in dem Bewusstsein, dass Ihre eingeladenen Ahnen tatsächlich willkommen sind, um zu helfen, zu heilen und zu stärken. Es kann ein gutes Zeichen sein, wenn Sie vor einem solchen großen Ritual sogar ein wenig aufgeregt sind. Ihr Inneres bereitet sich dann besonders auffällig darauf vor, dass etwas Entscheidendes passieren wird. Achtsamkeit und Aufmerksamkeit steigern sich, und das ist für jedes Ritual nur günstig.

Das dritte Ritual – Teil 1
Dank

◉ Wenn nach den oben beschriebenen Vorbereitungen alle Teelichter liegen, beginnen Sie, sie anzuzünden. Tun Sie das mit viel Ruhe und begrüßen Sie dabei die einzelnen Vorfahren. Gehen Sie auf diese Weise ganz langsam durch das Feld und verbinden Sie sich nach und nach mit all Ihren Ahnen. Vielleicht beginnen Sie mit der mütterlichen oder der väterlichen Linie, vielleicht begrüßen Sie zuerst alle Frauen des Feldes, dann alle Männer – das ist ganz Ihnen überlassen.

◉ Wenn alle dreißig Teelichter brennen und Sie hinten am »Feldrand« hinter der siebten Generation angekommen sind, halten Sie vielleicht noch einmal inne. Schauen Sie auf dieses weite Feld all der Menschen, denen Sie Ihre Existenz verdanken. Betrachten Sie diesen Stammbaum mit all seinen Stellvertretern – denn natürlich gehören noch viel mehr Menschen dazu: Zu vielen, die hier als Teelicht vor Ihnen stehen, gehören noch Geschwister und/oder frühere oder spätere Partner. Sie alle machen das Energiefeld Ihrer Ahnen aus.

◎ Gehen Sie nach einer Weile um das Feld herum nach vorn zu Ihrem Platz. Stellen Sie sich vor Ihr Ahnenfeld und schauen Sie auf Ihre Vorfahren. Sprechen Sie eine Begrüßung wie: »Danke, dass ihr da seid. Danke, dass ihr dieses Ritual mit mir feiert.«

Sehen Sie das Leuchten, das Ihnen entgegenkommt, und lassen Sie sich tief im Inneren berühren. All diese Menschen haben auf ihre Weise gelebt und den Funken des Lebens weiter- und weitergegeben, von Generation zu Generation, bis zu Ihnen. Sie alle haben Freude ebenso wie Leid erlebt. Sie alle haben auch Schweres durchstehen müssen und auf ihre jeweils ganz eigene Weise dafür gesorgt, dass der Strom des Lebens weiterfließen kann. Jeder so gut, wie er es vermochte. Aus all diesen Erfahrungen sind Sie hervorgegangen. Aus all dem konnte sich das Wesen entwickeln, das heute in Ihrer Gestalt auf der Erde lebt und sich in dieser liebevollen Weise den Ahnen zuwendet.

◎ Wenn Sie mit solchen Gedanken das leuchtende Feld vor sich betrachten, wenn Sie das Licht in Ihrem Herzen wahrnehmen, steigt in Ihnen vielleicht von ganz allein das Bedürfnis auf, sich bei Ihren Ahnen zu bedanken. Sprechen Sie diesen Dank in Ihren eigenen Worten innerlich oder laut aus. Oder

Sie fühlen einfach, wie Ihr Herz weit wird und Sie Ihre Wertschätzung und Liebe in Ihr Ahnenfeld fließen lassen, Ihren Dank und Ihre stille Freude. Bleiben Sie in diesen nährenden Gefühlen, solange Sie möchten.

◉ Wenn Sie für heute nur diesen ersten Teil des Rituals praktizieren möchten, dann sind Sie jetzt bereits am Ende angekommen. Bedanken Sie sich noch einmal bei allen geistigen Kräften für dieses kleine Dankritual und verabschieden Sie sich bei Ihren Ahnen, die Sie wieder in ihre geistigen Sphären entlassen. Löschen Sie die Kerzen und beenden Sie damit das Ritual. Nun können Sie die Teelichter entweder einsammeln oder Sie lassen das Feld so stehen, um zu einem späteren Zeitpunkt einen weiteren Teil des Rituals durchzuführen. Wenn Sie damit gleich fortfahren wollen, dann machen Sie nach Ihrem Dank an die Ahnen mit Teil 2 weiter.

Dankbarkeit ist eine enorme Kraft. Im Miteinander tut sie einfach gut, da sie eine Form der Anerkennung und Wertschätzung ist. Dem Dankenden selbst macht sie bewusst, wie viel Gutes, eben Dankenswertes, ihm in seinem Leben zur Verfügung steht.

Das dritte Ritual – Teil 2
»Gib mir deine gute Kraft«

◉ Machen Sie erneut alle Vorbereitungen, bis Sie vor Ihrem leuchtenden Ahnenfeld aus dreißig Teelichtern stehen. Verbinden Sie sich auch diesmal von Ihrem Herzen und gewissermaßen Ihrer Seele aus mit den Ahnen, die vor Ihnen waren und Ihr Leben erst möglich gemacht haben. Wieder spüren Sie dabei vielleicht Dankbarkeit und Achtung – dann lassen Sie diese Gefühle einfach aus Ihrem Herzen zu Ihren Vorfahren fließen. Natürlich können Sie auch aussprechen, was Sie bewegt.

◎ Wenn sich Ihr Herz für Ihre Ahnen geöffnet hat, dann gehen Sie ganz intuitiv in das Ahnenfeld hinein. Spüren Sie nach, ob es Sie mehr auf die mütterliche oder mehr auf die väterliche Seite zieht. Vielleicht führen Ihre Schritte Sie wie von allein tief in das Ahnenfeld hinein zu einer sehr frühen Generation, oder aber Sie bleiben weiter vorn bei einer Generation, die gar nicht so lange vor Ihnen gelebt hat. Lassen Sie Ihre Füße einfach dorthin in Ihrem Feld gehen, wohin sie sich gezogen fühlen. Möglicherweise handelt es sich um einen Vorfahren, den Sie aus Erzählungen oder aus einem Fotoalbum oder auch persönlich kennen, oder eben um einen der gesichtslosen Ahnen aus der früheren Zeit.

◎ Stellen Sie sich zu einem der Teelichter, nehmen Sie seinen hellen Schein wahr und bitten Sie: »Gib mir deine gute Kraft.« Stellen Sie sich mit dem Rücken vor dieses Teelicht beziehungsweise diesen Ahnen (Vorsicht mit der brennenden Kerze!). Wählen Sie am besten die Blickrichtung nach vorn, also zu den immer jünger werdenden Generationen. So haben Sie noch stärker das Gefühl, dass dieser Vorfahre, bei dem Sie gerade sind, im wahrsten Sinne des Wortes hinter Ihnen steht. Er oder sie ist ein Teil Ihres Lebensweges durch die Generationen. Er oder sie gehört zu Ihnen.

◉ Bitten Sie noch einmal darum, Kraft von diesem Ahnen oder dieser Ahnin oder dieser ganzen Generation erhalten zu dürfen. Bleiben Sie eine Zeit lang so stehen – oder, wenn Sie wollen, auch sitzen – und nehmen Sie diese Kraft in sich auf. Lassen Sie sich davon durchdringen, lassen Sie in der tiefen Verbindung zu diesem oder diesen Ahnen alte Verletzungen und Wunden heilen. Sie brauchen nichts weiter zu tun, als dort zu stehen, Ihren Körper zu spüren, Ihre Füße auf dem Boden zu fühlen. Atmen Sie tief ein und aus und genießen Sie es, dass Sie von Ihrem Ahnen genährt und gestärkt werden. Über den Ahnen in Ihrem Rücken werden Sie gehalten, und die Energie fließt von ihm durch Sie hindurch nach vorn in die nächsten Generationen. Der Fluss des Lebens strömt in all seiner Kraft und Schönheit.

◉ Wenn Sie sich ausreichend mit der Ahnenenergie genährt fühlen, dann gehen Sie wieder nach vorn zu Ihrem Platz. Blicken Sie auf das im Kerzenschein glitzernde Feld und bedanken Sie sich für die erhaltene Energie. Verbeugen Sie sich vor Ihrem Ahnenfeld – und achten Sie darauf, was Ihnen aus diesem Feld entgegenströmt, wenn Sie sich wieder aufrichten. Spüren Sie, wie viel Kraft Ihnen dort zufließt. Lassen Sie zu, davon berührt zu werden.

◉ Sprechen Sie zum Abschluss vielleicht ein paar Worte an Ihre Ahnen, Worte des Dankes und des Abschieds für heute. Beenden Sie auf diese Weise das Ritual und löschen Sie nacheinander in Achtsamkeit die Teelichter. Oder aber Sie gehen gleich zum dritten Teil dieses Rituals über.

Sie können auf die beschriebene Weise auch noch zu einem weiteren Ahnen oder einer anderen Generation im Feld gehen und um die jeweilige gute Kraft bitten. Verwöhnen Sie all Ihre Zellen auf körperlicher, geistiger und seelischer Ebene mit diesen Energien. Aus meiner Erfahrung ist es aber sinnvoll, in einem Ritual nur eine Kraft zu erspüren, denn die Wirkung kann sehr tief gehen. Sie können das Ritual oder diesen Teil davon ja jederzeit noch einmal durchleben.

Manchmal geschieht es, dass der Austausch nicht nur auf der energetischen Ebene stattfindet. Vielleicht erhalten Sie auch die eine oder andere Botschaft von dem Ahnen, bei dem Sie stehen. Möglicherweise entspinnt sich auch ein kleiner Dialog mit den jeweiligen Vorvätern oder Vormüttern, ganz unabhängig davon, ob Sie sie in Ihrem Leben real kennengelernt haben oder nicht. Möglicherweise sagt Ihnen dieser Vorfahre genau, wer er ist. Letztlich ist dies aber gar nicht wichtig, und oftmals werden Sie es einfach nicht herausfinden können. Denn Ihr Ahnenfeld besteht natürlich aus viel mehr als dreißig Personen, und so kann es auch irgendein weit entfernter Onkel oder eine entfernte Cousine von jemandem sein, den Sie identifizieren könnten. Auf jeden Fall ist es einer Ihrer Ahnen, der wohlwollend auf Sie schaut und Sie in Ihrem heutigen Leben mit seiner Kraft unterstützen will. Und diese Unterstützung können Sie aus vollem Herzen annehmen und weiter in das Leben tragen. So sorgen auch Sie dafür, dass der Strom des Lebens immer weiterfließt.

Aus der eigenen Erfahrung und von den zahlreichen Rückmeldungen der Seminarteilnehmer bin ich immer wieder aufs

Neue berührt, welch riesige Kraft einem Menschen aus seinem Ahnenfeld in einem solchen Ritual entgegenströmen kann. Das Gefühl, einen kraftvollen Menschen, der in irgendeiner Weise tatsächlich zu einem gehört, hinter sich zu spüren, kann wirklich überwältigend sein. Das Herz quillt über vor Dankbarkeit.

Im folgenden Teil des Rituals werden diese Gefühle sogar noch verstärkt. Denn nun geht es darum, sich die Kraft des gesamten Feldes aus Ahnen und Vorfahren zu erschließen.

Das dritte Ritual – Teil 3
Die Kraft des gesamten Ahnenfeldes
hinter sich spüren

- Wieder treffen Sie alle Vorbereitungen und stehen schließlich vor Ihrem leuchtenden Ahnenfeld aus dreißig Teelichtern. Sie verbinden sich von Ihrem Herzen aus mit Ihren Ahnen und würdigen sie für ihr Leben. Vor Ihnen liegt die Kraft, die Ihre Vorfahren über Jahrzehnte und Jahrhunderte gesammelt haben. Jeder hat mit seinen Qualitäten dazu beigetragen, und immer wurde die Lebensenergie an die nächste Generation weitergegeben. Und so ist sie nun auch bei Ihnen und ermöglicht Ihnen, Ihr Dasein zu gestalten.
- Tief in Ihrem Herzen wissen Sie, dass Ihre Ahnen immer zu Ihnen gehören werden. Und Sie wissen, dass es ihr Wunsch ist, dass Sie glücklich sind und kraftvoll Ihren Weg gehen können. Sie wissen, dass sie Sie immer unterstützen werden.

◉ Mit diesem Wissen blicken Sie auf Ihr Ahnenfeld voller fla- ckernder Lichter. Sie spüren seine Kraft und Lebendigkeit. Und nun drehen Sie sich ganz bewusst und in tiefer Achtung vor dem Fluss des Lebens durch die Generationen um 180 Grad. Sie drehen sich so um, dass das gesamte Ahnenfeld nun hinter Ihnen liegt. Sie lassen ganz bewusst all die Schick- sale und Geschichten Ihrer Ahnen hinter sich. Sie drehen sich davon weg, zu Ihrer Zukunft hin. Die gesamte Kraft der Ahnen strömt Ihnen jetzt von hinten zu. Halten Sie inne und spüren Sie mit allen Fasern Ihres Körpers, wie sich das an- fühlt. Wie fühlt es sich an, dass nun alle, wirklich alle Ihre Ahnen hinter Ihnen stehen?

◉ Nehmen Sie all die Kraft und Energie, all das Wohlwollen, die Freude, Begeisterung und Unterstützung wahr, die Sie in Ihrem Rücken spüren. Nehmen Sie sie an. Lassen Sie sich voll- ständig davon durchdringen und lassen Sie auch Ihren Ge- fühlen einfach ihren Lauf, vielleicht sind Sie überwältigt von all dieser wohlmeinenden Kraft.

◉ Spüren Sie zugleich, dass Sie würdevoll und aufrecht dort vorn stehen und die Kraft annehmen, die Ihnen für Ihr Leben zufließt. Sie stehen dort in Ihrer ganzen Individualität, bereit, die Kraft des Lebens zu nutzen und weiterzutragen, damit das Leben weiterfließen kann. Alles Wissen Ihrer Vorfahren, ihre Erfahrungen, ihre Weisheit, all ihre Talente und Gaben, all das steht als Potenzial hinter Ihnen – ein unermesslicher Schatz. Zugleich geben sie Ihnen Halt.

◉ Wenn Sie spüren, dass Sie sich für heute ausreichend mit dieser Kraft Ihres Ahnenfeldes aufgeladen haben, können Sie das Ritual beenden. Drehen Sie sich dann wieder zu Ihren Ahnen, bedanken Sie sich und verabschieden Sie sie für heute. Dann löschen Sie wieder die Lichter und lösen den heiligen Raum auf. Oder Sie schließen den vierten Teil des Rituals an.

Jeder unserer Ahnen lebte in der Vergangenheit. Auf einer Ebene, die nicht zu unserem normalen Alltag gehört, wirken ihre lichten Seelenkräfte weiterhin. Unsere Aufgabe kann es nur sein, diese Energien dankbar anzunehmen und weiterfließen zu lassen – in unser Leben hinein, in unsere Vorhaben und Projekte und in unsere Nachkommen, in Zukünftiges. So machen wir im vierten Teil des Rituals mit der Kraft des gesamten Ahnenfeldes hinter uns den ersten Schritt in die Zukunft.

In meinen Seminaren verbinde ich die einzelnen Schritte dieses dritten Rituals zu einem großen Ganzen, und vielleicht möchten Sie das zu Hause ebenfalls tun. Zugleich ist dafür aber naturgemäß mehr Zeit erforderlich, und die Erfahrung wird sehr intensiv. Daher biete ich Ihnen hier auch an, in Einzelschritten vorzugehen, dann müssen Sie zu Anfang immer noch ein Stück des letzten Teiles wiederholen, um wirklich in die Tiefe, in der auch etwas geschehen kann, zu kommen. Die Anleitungen beschreiben das jeweils bereits.

Für diesen vierten Teil des Rituals brauchen Sie nun Ihren Altar, der in diesem Fall ein Altar der Zukunft ist. Er steht mit einem gewissen Abstand vor dem gesamten Ahnenfeld. Wenn Sie also mit dem Rücken zu Ihrem Feld stehen, blicken

Sie auf Ihren Altar, der die Zukunft symbolisiert. Sie stehen in der Gegenwart. Hinter Ihnen liegt die Vergangenheit. Sie verabschieden die Geschichten der einzelnen Ahnen, die Schicksale, all das lassen Sie hinter sich zurück. Sie gehen jetzt nach vorn. Vielleicht legen Sie auf den Altar vorab auch ein Symbol für Ihre Zukunft (siehe Seite 214) – in diesem vierten, abschließenden Ritualteil wird es mit Kraft aufgeladen.

Das dritte Ritual – Teil 4
Mit der Ahnenkraft in die Zukunft

◉ Wieder treffen Sie alle Vorbereitungen und stehen dann vor Ihrem Ahnenfeld aus dreißig freundlich flackernden Teelichtern. Sie verbinden sich mit Ihren Ahnen und sitzen oder stehen vielleicht ein paar Momente vor ihnen, um sich auf dieses Kraftfeld einzuschwingen.

◉ Stehen Sie dann auf und machen Sie sich mit Ihrem Blick auf das Ahnenfeld bewusst, dass alle, wirklich alle Ihre Vorfahren wünschen, dass es Ihnen gut geht. Sie alle gemeinsam – Ihre Ahnen und Sie selbst – sind für immer miteinander verbunden, sie alle zusammen bilden ein Feld, durch das der Lebensfluss strömt. All die Individuen lebten oder leben das, was ihnen gegeben war und was sie zu leben vermochten. Alle gaben oder geben sie das Leben weiter an die Nächsten. Sie tun es in dem tiefen Wunsch, dass das Leben immer weitergeht und dass es der nachfolgenden und übernächsten und allen weiteren Generationen gut geht, dass sie gedeihen und wachsen mögen.

◉ Dieses unermessliche Wohlwollen spüren Sie, wenn Sie auf Ihr Ahnenfeld blicken. Und damit drehen Sie sich jetzt um, wenden Ihren Ahnen den Rücken zu und blicken nach vorn in die Zukunft, dorthin, wohin der Fluss des Lebens weiterströmen wird.

◉ Sie spüren für einige Momente die enorme Kraft Ihres Ahnenfeldes im Rücken. All diese Ahnen stehen hinter Ihnen und geben Ihnen ihren Segen für Ihren Weg. Alles, was an Qualitäten in diesem Feld steckt, steht auch Ihnen jetzt zur Verfügung.

◉ Und so sammeln Sie sich noch einmal, bündeln all diese Kraft, die Ihnen von hinten zuströmt, und machen damit ganz bewusst den ersten Schritt in die Zukunft. Setzen Sie diesen Schritt tatsächlich mit Ihren Füßen. Sie gehen nach vorn, Sie gehen voran. Dabei nehmen Sie die Kraft Ihrer Ahnen mit sich, die Ahnen selbst aber lassen Sie hinter sich in der Vergangenheit. Sie sind Gegenwart und setzen Ihren Schritt in die Zukunft. Die Kraft des gesamten Feldes ist mit Ihnen.

◉ Sie brauchen dabei nicht konkret zu wissen, was für einen Schritt Sie jetzt machen. Es geht darum, die Kraft der Ahnen mit in die Zukunft zu nehmen, um das eigene Leben kraftvoll werden zu lassen und den Fluss des Lebens allgemein in einem harmonischen Fließen zu halten.

◉ Setzen Sie nach diesem ersten Schritt weitere bewusste Schritte in die Zukunft, bis Sie an Ihrem Altar angekommen sind. Dort werden Sie vielleicht das tiefe Bedürfnis haben, sich zu verbeugen, möglicherweise sogar niederzuknien. Wenn ein Gegenstand als Symbol für Ihre Zukunft dort liegt, nehmen Sie ihn in die Hände und lassen die Kraft der Ahnen in ihn einströmen. So kann dieser Gegenstand ein kraftvoller Alltagsbegleiter für Sie werden.

◉ Nun ist es Zeit, das Ritual zu beenden. Bleiben Sie vor Ihrem Altar und danken Sie allen Ahnen, der geistigen Welt und allen geistigen Helfern, die Ihnen hier und heute zur Seite standen. Verabschieden Sie sich dann von all diesen Kräften, bitten Sie die Ahnen, wieder dorthin zu gehen, wo sie jetzt zu Hause sind, und beschließen Sie damit das Ritual. Löschen Sie in großer Achtsamkeit die Teelichter und danach die Kerze, die möglicherweise auf Ihrem Altar brennt.

Nun haben Sie das vollständige dritte Ritual, das ich oft »großes Ritual« nenne, kennengelernt. Sicherlich können Sie schon vom Lesen her ermessen, wie stark seine Wirkung sein kann. Viele frühere Seminarteilnehmer sagen mir noch nach Jahren, dass sie diesen Moment des Umdrehens und die Kraft aus dem Ahnenfeld bis heute erinnern und als Gefühl bei Bedarf abrufen können. Manche haben dieses Ritual auch für sich zu Hause nach einiger Zeit noch einmal wiederholt, um sich erneut dieser Kraft zu versichern.

Dies bietet sich insbesondere dann an, wenn ein größeres Projekt ansteht, für das man gern die Unterstützung aller Ahnen hätte. Bevor ich Ihnen diese Möglichkeit speziell vorstelle, folgt auch hier ein Überblick über die einzelnen Schritte des Gesamtrituals.

Das dritte Ritual im Überblick
Die Kraft des Ahnenfeldes erschließen

Vorbereitung

◎ **Raum gestalten** – ausreichend Platz schaffen.

◎ **Dreißig Stellvertreter** zurechtlegen: Teelichter.

◎ **Altar** – ein »Altar der Zukunft« – **einrichten**. Er sollte mit ein paar Schritten Abstand am Anfang des Platzes stehen, an dem Sie das Ahnenfeld auslegen werden. Eventuell ein Symbol für die Zukunft darauflegen.

◎ **Heiligen Raum schaffen** – sich selbst und den Raum räuchern, Verbindung zur geistigen Welt und zum spirituellen Ahnen aufnehmen. Eventuell die vier Himmelsrichtungen sowie Vater Himmel und Mutter Erde einladen und um Unterstützung bitten.

◎ **Stellvertreter** nach dem beschriebenen Muster im Raum **auslegen.**

Teil 1: Dank

◎ **Teelichter anzünden** und die einzelnen Vorfahren dabei begrüßen.

◎ Am Ende des Feldes **innehalten** und das Leuchten betrachten.

◎ Nach vorn **zu Ihrem Platz gehen**, ins Ahnenfeld hineinspüren und sich mit der Größe dieser Wesen verbinden.

- **Danken** – innerlich und still oder laut. Lassen Sie Ihr Herz überfließen.

Teil 2: »Gib mir deine gute Kraft«

- Sich sammeln und dann intuitiv **zu einem Ahnen** im Feld **hingehen**.

- Bitten: **»Gib mir deine gute Kraft.«**

- Rücken zu diesem Ahnen (oder der Generation) drehen und **um Kraft bitten**. Blickrichtung nach vorn, Richtung Zukunft.

- **Die Kraft** und das Wohlwollen erleben und tief **annehmen**.

- Diesem Ahnen **danken** und wieder nach vorn vor das Feld gehen.

- **Verbeugung** vor dem Ahnenfeld.

- Im Wiederaufrichten spüren: **»Die Kraft fließt mir zu.«**

Teil 3: Die Kraft des gesamten Feldes annehmen

- Bewusst vor dem Ahnenfeld stehen und die gesammelte **Kraft** und das Wohlwollen all dieser lichten Wesen **wahrnehmen**.

- **Drehung um 180 Grad**, weg von den Schicksalen und Geschichten der Ahnen, hin zur Zukunft. Die Kraft nehmen Sie mit.

- **Spüren**, wie die gesamte Weisheit, Kraft und Liebe der Ahnen von hinten zu Ihnen fließt. Das gesamte Feld steht hinter Ihnen.

Teil 4: Der Schritt in die Zukunft

◉ **Der erste Schritt** in die Zukunft, mit der Kraft der Ahnen.

◉ Weitere Schritte hin zum **Altar.**

◉ **Verbeugen.**

◉ Kraft in das **Symbolobjekt** fließen lassen.

◉ **Dank** und **Verabschiedung**. Ritualende.

◉ **Teelichter** und gegebenenfalls **Altarkerze löschen**.

Die Ahnenkraft für ein Projekt nutzen

Bisher haben Sie die Ahnenkraft ganz allgemein erspüren und in sich verankern können. Aber natürlich steht sie Ihnen auch für ganz bestimmte Anliegen, Vorhaben oder Projekte zur Verfügung. Wenn Sie auf diese Weise arbeiten möchten, empfiehlt es sich, auch mit diesem dritten Ritual vorzugehen.

◉ Sie suchen sich einen Gegenstand, der dieses Vorhaben, um das es Ihnen geht, repräsentiert. Vielleicht unternehmen Sie einen Spaziergang in die Natur, um diesen Gegenstand zu finden, oder Sie kaufen etwas oder haben bereits etwas in Ihrer Wohnung, was für Sie symbolisch für Ihr Projekt stehen kann. Diesen Gegenstand legen Sie vor dem Ritual auf Ihren »Altar der Zukunft«.

◉ Sie gestalten das Ritual dann genau so, wie es oben beschrieben wurde. Eingangs könnten Sie zudem, beispielsweise nach dem Dank in Teil 1, direkt zu den Ahnen sprechen. Sie könnten beispielsweise sagen:

»Liebe Ahnen, ich möchte dieses oder jenes Projekt in meinem Leben umsetzen, und ich bitte euch darum, mich dabei zu unterstützen. In diesem Ritual erbitte ich eure Kraft, euer Potenzial, eure Zuwendung für dieses Projekt.«

- Bevor Sie sich dann im vierten Teil mit Ihrem ersten Schritt in die Zukunft begeben, fokussieren Sie sich ganz auf Ihr Projekt, das dort auf Sie wartet.

- Am Altar lassen Sie die Kraft des Ahnenfeldes dann aus Ihren Händen in das Objekt fließen, das Sie sich bereitgelegt hatten. Vielleicht gibt es auch irgendeine Botschaft oder ein hilfreiches Zeichen, das das Projekt unterstützt.

- Im Alltag können Sie diesen Gegenstand später immer dann nutzen, wenn es um Ihr Vorhaben geht: Sie können ihn zu bestimmten Terminen bei sich tragen oder ihn regelmäßig in die Hand nehmen, um sich mit der Kraft Ihrer Vorfahren zu verbinden.

Die Kraft immer wieder erneuern

Mit der Kraft des gesamten Feldes wohlwollender Ahnen hinter sich, mit dieser ungeheuren Fülle an Qualitäten und an Potenzial bekommt das Leben neue Zuversicht, Vertrauen und echte Stärkung. Aus spürbar gewordenen Wurzeln entsteht eine tiefe Verankerung im Leben, eine große Stabilität und auch eine Gelassenheit bezüglich der Wechselfälle einer jeden Biografie, wie sie auch die Vorfahren in vielfältigster Weise durchlebt haben.

Natürlich bleiben Sie auch weiterhin nicht von Herausforderungen und gelegentlichen Schwierigkeiten verschont. Der Lebensfluss beschert uns allen immer wieder größere oder kleinere Hürden, die es zu überwinden gilt. Nicht zuletzt ist es dies, woran wir wachsen und uns auf den unterschiedlichsten Ebenen weiterentwickeln. Nachdem Sie die großen Ahnenrituale durchgeführt haben, werden Sie sicherlich auch mehr Energie und innere Kreativität haben, auftauchende Probleme zu lösen.

Die große Kraft lebendig halten

Machen Sie sich das Geschenk und halten Sie sich die Kraft Ihres Ahnenfeldes auch im Alltag lebendig. Um sie immer wieder neu spürbar und wirksam werden zu lassen, ist es gut, sich erneut bewusst mit den Vorfahren und ihrem stärkenden Wohlwollen zu verbinden – mit all ihren Kräften und Potenzialen, die an Sie weitergegeben wurden, die auch in Ihnen schlummern und gelebt werden wollen. Ich möchte Ihnen ein paar Möglichkeiten vorstellen, diese Energie ab und an zu reaktivieren:

◉ Wenn Sie beim dritten Ritual einen symbolhaften Gegenstand mit der ganz frisch und ursprünglich erlebten Ahnenkraft aufgeladen haben, können Sie ihn im Alltag und insbesondere in Krisenzeiten wieder hervorholen, ihn vielleicht einfach in den Händen halten und sich bewusst auf seine Kraft einstimmen. Natürlich lassen sich die einzelnen Teile des großen dritten Rituals auch wiederholen, um sich erneut mit der großen Kraft zu verbinden.

- Damit verbunden oder auch ganz unabhängig davon können Sie in einem Gebet oder einer einfachen Bitte Ihre Ahnen ansprechen. Erzählen Sie ihnen, wie es Ihnen geht, und bitten Sie um Unterstützung. Auch mit Ihrem spirituellen Ahnen können Sie sich austauschen.

- In schwierigen Zeiten stellen Sie sich vielleicht vor, dass Sie eine liebevolle wärmende Ururgroßmutter bei sich haben. Bei ihr können Sie es sich gemütlich machen und sich verwöhnen lassen, als wären Sie noch ein Kind. Aufgetankt kommen Sie dann von diesem Besuch zurück und gehen erwachsen wieder in Ihren Alltag.

- In eine Meditation, die Sie vielleicht ohnehin regelmäßig praktizieren, können Sie die Absicht oder Ausrichtung einschließen, aus Ihrem Ahnenfeld Unterstützung zu bekommen und diese auch bewusst wahrnehmen zu können.

- Ebenso können Ihnen eventuelle Aufzeichnungen von all Ihren bisherigen Beschäftigungen mit Ihren Vorfahren helfen, sich erneut einen Zugang zu all den positiven Energien, die Sie sich daraus bereits erschlossen haben, zu schaffen.

- Aus einem aufgezeichneten Stammbaum oder Genogramm können Sie sich gezielt die Qualitäten eines Vorfahren heraussuchen, die Ihnen jetzt helfen könnten. Das Bewusstsein, dass sie in Ihrem Ahnenfeld und damit auch in Ihnen vorhanden sind, hilft oftmals bereits weiter. Zudem können

Sie sich innerlich (auch mithilfe Ihres spirituellen Ahnen) energetisch damit verbinden und die Gabe oder Eigenschaft auf diese Weise ein wenig in sich aufsaugen.

◎ Wenn Sie möchten, suchen Sie sich einen schönen Platz in der Natur, vielleicht eine Bank im Park oder einen Baum, den Sie zu Ihrem Ahnenbaum werden lassen. Dort können Sie sich dann mit Ihrem spirituellen Ahnen und Ihren Vorfahren verbinden und austauschen.

Der Segen der Ahnen

Könnten Sie genau beschreiben oder für sich selbst nachempfinden, was ein Segen bedeutet? Sind Sie schon einmal von jemandem gesegnet worden oder haben sich vom Leben gesegnet gefühlt?

Es ist noch gar nicht so lange her, da war es auch bei uns ganz selbstverständlich, dass die Älteren eines Familiensystems die Jüngeren gesegnet haben. Anlässe dafür waren häufig größere Veränderungen im Leben – wenn eine weite Reise angetreten wurde, beispielsweise die ein- oder mehrjährige Wanderschaft eines Handwerksburschen, wenn eine Tochter heiratete und aus dem Elternhaus auszog, also ganz allgemein bei Abschieden. Dann gaben die Alten den Jungen ihren Segen mit auf den Weg, der neue Lebensabschnitt stand damit unter der Energie der positiven Wünsche und der Liebe der Vorfahren. Dies besagt auch: »Wir lassen dich los. Wir haben alles für dich getan, was in unserer Macht stand. Wir akzeptieren deine Selbstständigkeit und Eigenverantwortlichkeit. Und wenn du nun in dein Leben gehst, ist unser Herz mit dir.« Peter Schellenbaum bezeichnet in einem Vortrag zum Thema Berufung einen Segen als »vollständige Bejahung« eines Menschen. Er betont als langjährig erfahrener Psychologe, der zu einem ganzheitlicheren Ansatz gefunden hat, dass wir unser Potenzial nicht dadurch entfalten, dass wir aus Kritik lernen, sondern dadurch, dass wir bejaht werden, dass wir in dem, was uns ausmacht, angenommen werden. Genau diese Qualität ist es auch aus meiner Sicht, die einen Segen ausmacht. Das ist es, was die Älteren den Jüngeren mit auf den Weg geben können und sollten: »Ich sage Ja zu dem, der du bist.«

Die Kraft des Segnens wird in den meisten Familien schon längst nicht mehr praktiziert, und viele wissen mit diesem Begriff nichts mehr anzufangen. Das heißt aber nicht, dass Sie auf den Segen Ihrer Vorfahren verzichten müssten. Haben Sie sich auf energetischer Ebene mit den Generationen vor Ihnen verbunden und deren unbedingtes Wohlwollen erfahren, könnten Sie sich bereits gesegnet fühlen. Oder Sie erbitten ganz konkret den Segen eines bestimmten Vorfahren oder des gesamten Feldes. Das ist beispielsweise in einem Moment des Innehaltens und Betens oder Meditierens möglich. Sie können sich auch bewusst mit Ihrem spirituellen Ahnen verbinden und ihn bitten, Sie dabei zu unterstützen, den Segen Ihrer biografischen Ahnen zu erlangen und ihn auch wirklich spürend wahrzunehmen.

Die folgende Fantasiereise kann Sie dabei unterstützen, sich aus Ihren tiefsten Wurzeln heraus gesegnet zu fühlen.

Fantasiereise
Der Segen der Ahnen

Nimm dir etwas Zeit und such dir einen Platz, an dem du ungestört bist und dich wohlfühlst.

Mach es dir auf einem Sofa oder in einem Sessel bequem und spüre, wie gut du von der Unterlage und der Lehne gehalten wirst. Geh mit deiner Aufmerksamkeit langsam Stück für Stück durch deinen Körper und lass alles in dir mehr und mehr zur Ruhe kommen. Langsam vertrauen sich deine Füße der Unterlage an. Und du wanderst weiter nach oben, sodass auch deine Beine sich zunehmend mehr dem Boden hingeben. Du wendest dich deinen Händen zu, die du bequem abgelegt hast, und spürst, wie deine Arme locker zu beiden Seiten deines Körpers fallen. Du bemerkst, wie dein Bauch ganz weich dem Atem folgt – beim Einatmen wölbt er sich nach vorn, beim Ausatmen zieht er sich wieder etwas zusammen.

Tief in dir machen sich Ruhe und Zuversicht breit, wenn du nun auch deinen Kopf in die Unterlage oder an die Lehne sinken lässt. Dein Gesicht ist entspannt, deine Augen fallen wie von selbst zu, und mit Erleichterung überlässt du dich ganz dem inneren Sehen.

So bemerkst du, dass du an einem Platz in der Natur bist, an dem du dich wohlfühlst. Die Dämmerung taucht diesen Ort in ein herrliches dunkles Blau, und nach und nach beginnen über dir die Sterne am Himmel zu leuchten. So viele Sterne, du kannst es kaum glauben! Ganz deutlich zeichnet sich die Milchstraße ab, und du weißt beim Anblick dieser leuchtenden Pracht, dass du innig verbunden mit deinen spirituellen und biologischen Ahnen bist. Sie sind immer da, wohin du auch gehst, was immer geschieht.

Zu deinen Füßen glitzern einige Steine im Schein der Sterne über dir, und so bist du von allen Seiten liebevoll begleitet auf deinem Weg. Die Landschaft um dich verliert mit der zunehmenden Dunkelheit an Kontur, alles, was vorher noch deutlich zu erkennen war, ist jetzt einfach eingewoben in das Glitzern und Funkeln der Sterne und der Steine.

Plötzlich hörst du es leise plätschern, so als würde ein kleiner Bach ganz in der Nähe sein. Bist du vielleicht bei einer Quelle gelandet? Noch ein paar Schritte und du siehst einen kleinen Felsen. Wie er so schimmert im hellen Glanz, sieht er ein wenig aus wie Marmor. Du spürst, dass er noch immer die Wärme des Tages abgibt. Neugierig gehst du um ihn herum und erkennst einen natürlichen steinernen Tempel. Ein sanftes Licht dringt aus diesem großen Stein hervor, und es scheint tatsächlich so etwas wie der Eingang in eine große Höhle zu sein. Es eröffnet sich dir beim näheren Hinsehen ein Raum und, ja, an der Seite plätschert tatsächlich eine Quelle.

Mit klopfendem Herzen machst du einen Schritt hinein in diesen Höhlenraum. Gerade noch warst du draußen im silbrigen Schein des Nachthimmels, und nun bist du hier in diesem Tempel, dem sanften Leuchten aus dem Inneren des Steins folgend, das hier drinnen wie magisch von allen Wänden glitzert und leuchtet. Welch ein wundersamer Raum!

Jetzt siehst du, dass die Quelle hier ein kleines Becken mit Wasser gefüllt hat. Du langst hinein und merkst erstaunt, dass das Wasser angenehm warm ist. Wenn du möchtest, kannst du nun aus deinen Kleidern schlüpfen, um in diesem Becken ein Bad zu nehmen. Du weißt, dass du dabei viele schwere Erfahrungen deiner Vergangenheit einfach von dir abwaschen kannst.

Es ist dabei auch gar nicht wichtig, genau zu wissen, was du hier in diesem Tempel dem glitzernden Wasser übergibst. Es ist jetzt einfach die Zeit gekommen, mit allen Vorstellungen davon abzuschließen, wie etwas sein sollte. Und vielleicht willst du sogar Abschied von einigen Wünschen nehmen, deren Erfüllung ja doch nie möglich ist.

Hier im Tempel hörst du das feine Sprudeln der Quelle, genießt dein Bad, sitzt oder liegst im Wasser der Reinigung. Du lässt nach und nach deine Erwartungen und allzu fest stehende Ansichten zurück. Du spürst die innere Offenheit für das, was dir das Leben für deine Zukunft noch alles schenken will.

Dann wird es allmählich Zeit für dich, aus dem Wasser herauszusteigen. Neben dir liegt ein schönes Gewand, das du anziehen kannst, wenn du möchtest. Weich und behaglich fühlt es sich an.

Erfrischt und frohen Mutes gehst du zum Höhlenausgang zurück, und da hörst du ein sonderbares Murmeln und Raunen. Völlig überrascht stellst du beim Heraustreten fest, dass sich eine ganze Zahl an Wesen eingefunden hat, die dich mit großer Freude empfängt. Vielleicht sind sie hauchzart, und du kannst sie nur schemenhaft erkennen, aber wahrscheinlich kommt dir die eine oder andere Gestalt dennoch bekannt vor. Du weißt sofort: Es sind deine Ahninnen und Ahnen, die sich auf den Weg zu dir gemacht haben. Auch dein spiritueller Ahne, deine spirituelle Ahnin ist da. So wie viele, viele andere.

Sie sagen, dass sie gekommen sind, um dir zu danken. Du hast dich so voller Herz und Seele um Heilung bemüht, hast aufgeräumt und sauber gemacht in den Sphären, die euch verbinden. Und genau dafür möchten sie dir heute ihren Dank aussprechen. Und sie möchten dir ihren Segen geben, dir als ihrem Nachfahren, als dem Träger all der Kraft, die sie durch ihr Leben und Erleben damals weitergeben konnten.

Berührt und ehrerbietig verneigst du dich vor ihnen. Du spürst die reiche Lebenserfahrung, die sie mitbringen, ihre Weisheit und ihre vielfältigen Stärken und Talente. Sie alle sind vor dir den Weg des Erdenlebens gegangen. Sie haben ihre Kraft an dich weitergegeben, sie sind deine Wurzeln, deine Stärke.

Jetzt siehst du, wie sie sich nach links und rechts zur Seite bewegen, sodass eine kleine Gasse entsteht. Sie machen dir Platz, damit du zwischen ihnen hindurchgehen kannst. Achtsam setzt du Schritt um Schritt nach vorn und nimmst dabei die Kraft links und rechts von dir wahr. Jeder deiner Ahnen, ob er dir bekannt ist oder nicht, ob er von weither kommt oder dir ganz nah ist, jeder von ihnen gibt dir seinen Segen und alle guten Wünsche für deinen Lebensweg.

Du setzt Schritt um Schritt und fühlst dich zunehmend frei und aufrecht. Du spürst, wie du von einer kraftvollen Gelassenheit und großen inneren Stärke getragen wirst. Die Ahnen links und rechts von dir geben dir aus ganzem Herzen ihren Segen mit auf den Weg.

Am Ende der Reihen siehst du dich einer ganz besonders liebevollen Wesenheit gegenüber, gleichgültig, ob sie dir vertraut
oder unbekannt ist. Oder ist es dein spiritueller Ahne? Du bist
voller Freude, dieses Wesen hier zu treffen, dein Herz geht auf,
denn auch wenn du es vielleicht nicht genau erkennen kannst,
es geht ein solcher Glanz von diesem Wesen aus, dass du überwältigt bist. Du weißt mit einem Mal: Du gehörst zu diesem
Wesen, ja, es ist deine Ursprungskraft, es verkörpert die Urkraft
deines Seins.

So stehst du vor ihm, mit warmem, pochendem Herzen und
einer weit geöffneten Seele. Vielleicht hast du den Wunsch, dich
zu verbeugen. Du bist dir der Heiligkeit dieses Momentes sehr
bewusst.

Und so bekommst du jetzt, hier an diesem Ort und in diesem
Moment, den Segen deines Ursprungs. Ergriffen neigst du deinen Kopf, und schon fühlst du dich durchdrungen vom Glanz
der Sterne, dem Licht des Universums und der allerbesten,
reinsten Kraft deiner Herkunft, deines Ursprungs. Du bekommst
den größten Segen für dein Leben.

Du nimmst das alles genau wahr, in deinem Herzen, deiner
Seele und deinem Körper. Du speicherst es in dir, in deinen
Zellen, sodass du dich jederzeit daran erinnern kannst.

(Kleine Pause)

Auch dieser Augenblick geht vorüber, doch diese Berührung,
dieser Segen deines Ursprungs, er ist nun für immer in dir.

Nun wird es Zeit, sich zu verabschieden. Wende dich deinen
hier um dich versammelten Ahnen zu und danke ihnen, wenn

du das möchtest. Verabschiede dich in dem Wissen, dass ihr immer miteinander verbunden seid.

Atme dich dann mit immer tiefer werdenden Atemzügen zurück in deinen Körper und in deinen Raum. Spüre, wie du liegst oder sitzt, und öffne allmählich die Augen. Der Segen deiner Ahnen wird weiter in dir wirken, wenn du jetzt wieder in deinen Alltag gehst.

Der Segen Ihrer Vorfahren kann sich auch auf ein ganz bestimmtes Thema beziehen. Sie könnten sich also fragen, wo in Ihrem Leben Sie einen Segen, eine Segnung wünschen oder brauchen. Möglicherweise bezüglich Ihrer Gesundheit oder weil Sie die Arbeitsstelle wechseln, an einen anderen Wohnort ziehen, sich von einem Partner trennen oder mit einem neuen Partner zusammenziehen, weil Ihr jüngstes Kind sein Studium in einer anderen Stadt beginnt – für alle möglichen Belange in Ihrem Leben können Sie den Segen Ihrer Vorfahren erbitten. Dies kann gerade dann sehr entspannend und unterstützend wirken, wenn Sie keine lebenden Vorfahren mehr haben und dadurch gerade bei größeren Umbrüchen so ein wenig das Gefühl da ist, komplett alles selbst schultern und verantworten zu müssen.

Die Ahnen als Ratgeber

Wer auch immer Ihre Vorfahren als Menschen waren, auf der geistigen Ebene und vor allem aus einem bereinigten Feld heraus können sie Ihnen als weise Ratgeber zur Seite stehen. Wie wäre es also, sich mit ihnen einmal zum Kaffee zu verabreden oder eine Art Sprechstunde zu vereinbaren? Ich habe hier bewusst solche alltäglichen Aktivitäten aus unserer physischen Welt gewählt, um Sie zu ermutigen, eine vielleicht vorhandene Scheu vor inneren Reisen und feineren Wahrnehmungen abzulegen. Natürlich wird Ihre Ururgroßmutter nicht physisch vor Ihnen erscheinen und Ihnen einen guten Rat so geben, wie es Ihre Nachbarin oder Ihre Heilpraktikerin tun würden. Dennoch können Sie – am besten natürlich im geschützten Rahmen Ihrer Wohnung – ein Kaffeetrinken wie mit einer Freundin mit genau dieser Vorfahrin verabreden. Stellen Sie ihr einen Stuhl bereit, decken Sie auch für sie – und vielleicht zusätzlich für Ihren spirituellen Ahnen – den Tisch und laden Sie sie ein, für ein Stündchen bei Ihnen zu sein. Besprechen Sie mit ihr dann die Angelegenheit, die Sie beschäftigt, und achten Sie auf alle Wahrnehmungen, die Ihnen wie Antworten auf Ihre Fragen erscheinen. Sie können ganz spielerisch mit solchen Dingen umgehen. Vor allem im Schutz Ihres spirituellen Ahnen, der Ihnen mittlerweile sehr vertraut sein dürfte, können sich hier ganz wunderbare Ergebnisse zeigen.

Auch Meditation, innere Reisen oder konkret schamanische Reisen können sehr viele Themen klären. Zur Inspiration möchte ich Ihnen hier ein paar der Fragen auflisten, die Sie mit Ihren Vorfahren – ganz gleich ob biografisch, gesichtslos oder spirituell – besprechen können:

- Was ist meine größte Kraft?

- Was ist meine größte Aufgabe, meine Lebensaufgabe, die ich zu erfüllen habe?

- Welche meiner Potenziale sollte ich als Nächstes verwirklichen?

- Welche meiner Potenziale möchtet ihr, dass ich verwirkliche? Was wünscht ihr euch von mir?

- Was von euch soll eurem Wunsch nach durch mich weiterleben?

- Oder Sie erbitten konkrete Informationen zu bestimmten Themen: Mit welchen Methoden habt ihr früher geheilt?

- Wie habt ihr euch ernährt, und was könnte ich daraus lernen?

- Wie könnten wir Menschen aus eurer Sicht heute besser mit den globalen Problemen umgehen?

- Was könnte ich für den Schutz der Umwelt am besten tun?

- Auf welche Weise kann ich am besten meine Energie und meine Gaben an nachfolgende Generationen weitergeben, insbesondere wenn ich keine Kinder habe?

Wir sind die Ahnen der Zukunft

Wir kommen nun allmählich am Ende unserer gemeinsamen Reise zu den Ahnen an. Ich hoffe sehr, dass es mir mit meinen Schilderungen und Anregungen gelungen ist, Ihnen ein Gefühl von wirklicher Verwurzelung im Leben zu vermitteln, eine neue Geborgenheit für Ihre Seele. Und dass Ihre ganz persönliche Reise zu Ihren Ahnen auf eine sehr fruchtbare und heilsame Weise noch weitergeht.

Es ist tatsächlich eine Vision von mir, auch in unserer Kultur ein tragfähiges Bewusstsein für den Fluss des Lebens durch die Generationen hindurch zu schaffen. Wir alle sind ganz maßgeblich »Kind« unseres Ahnenfeldes. Ist dieses System weitgehend »in Ordnung« gebracht worden, dann findet nicht nur unser eigenes Leben »in die Ordnung«, wir leben auch viel stärker in dem Selbstverständnis, dass die Erde und alles von Menschen Geschaffene stets von einer Generation der nächsten übergeben und weitervererbt wird. Wir alle sind in diesem Sinne Gäste auf dieser Erde.

Wenn Sie – gewollt oder ungewollt – keine eigenen Kinder haben und somit die biografische Linie bei Ihnen endet, kann das ein Anlass sein, dies zu betrauern. Zugleich können Sie sich davon lösen, es rein auf der persönlichen und familiären Ebene zu betrachten. Denn alles, was Sie ausmacht, alles, was Sie sich im Leben erarbeitet und was Sie gelöst haben, all Ihre Liebe, Ihr Mitgefühl, Ihre Achtsamkeit, Ihr ganzes Sosein geben Sie ja dennoch unentwegt weiter. Sie geben es ans Leben selbst, an alle Menschen, die Ihnen begegnen, in alles, was Sie tun. Sie speisen immer auch das Kollektive, das große Ganze. Der Strom des Lebens, der Fluss der Energie reißt niemals ab, und jeder Mensch wirkt darin durch seine bloße Existenz. Indem Sie strahlen und leuchten, erhellen Sie das ganze Umfeld und tragen dazu bei, dass sich das innere Licht in immer mehr Menschen entfacht.

Eingebettet in die größeren Zyklen

Bei den Maori in Neuseeland erlebte ich, wie sich die Menschen zu Beginn einer größeren Zeremonie verhalten. Alle Beteiligten stellen sich einander so vor, dass sie ausführlich von ihren Ahnen sprechen. Es wird eine ganze lange Reise von den Ursprüngen und ihrem Ankommen in diesem Land über die einzelnen Generationen bis ins Heute nacherzählt. Nicht nur gibt das den anderen Anwesenden Zeit (viel Zeit), sich in das Wesen des Sprechenden einzufühlen und sich auf ihn einzustimmen. Es zeigt auch die Definition der Menschen von sich selbst: untrennbar mit ihren Wurzeln und ihren Altvorderen verbunden und wissend, dass sie selbst Teil dieses großen Systems sind.

Indianische Völker gehen traditionell von dem Bestreben aus, all ihre Entscheidungen so zu treffen, dass sie auch für die kommenden sieben Generationen positive Auswirkungen haben. Verbunden mit der Natur als Grundlage unseres Lebens, als Kraft unserer Herkunft und damit als eine Ahnenkraft könnten auch wir versuchen, unsere Entscheidungen diesem Kriterium zu unterwerfen. Damit würden wir bereits heute

als lebendige Menschen beginnen, unseren zum Teil noch un-
geborenen Nachfahren kraftvolle und wohlwollende Ahnen
zu sein.

»Sei du selbst die Veränderung, die du dir wünschst auf dieser Welt«

Aus Ihrer Beschäftigung mit Ihren Vorfahren auf der energetischen Ebene dürften Sie ein klares Gespür für etwas ganz
Wesentliches gewonnen haben: Jeder Mensch wirkt durch
sein Sosein, durch seine Ausstrahlung, durch sein offenes
oder verschlossenes Herz, durch seine grundsätzliche Individualität. Äußere Umstände, familiäre Verhältnisse, Beruf,
Wissen, Reichtum, all das ist maßgeblich an einem Leben be-
teiligt, aber es tritt von einem erweiterten Blickfeld aus hinter
dem zurück, was ein Mensch *ist*, was sein Sein ausmacht.

Wenn jemand die Umstände verändern möchte, dann kann
er letztlich nur bei sich selbst anfangen, wie es auch all die
vielfältigen spirituellen oder therapeutischen Traditionen
sagen. Es gilt im Kleinen wie im Großen, und auch wenn Sie
die Welt verändern möchten: Beginnen Sie, genau die er-
wünschte Art der Veränderung in sich selbst zu vollziehen –
wie es die in der Überschrift zitierte, Mahatma Gandhi zu-
geschriebene Aussage auf den Punkt bringt. Aus dieser Sicht
wird der Wert von Meditation, innerer Weiterentwicklung,
der Kultivierung von innerem Frieden, von der inneren Arbeit allgemein deutlich offenbar. Und in diesem Sinne können
Sie sich auch fragen: »Was gebe ich an kommende Generati-

onen weiter? Welche Früchte trägt mein Leben, die ich mit Freude und bestem Gewissen weiterschenken möchte? Wie viel Achtung für das Leben, Mitgefühl und Gelassenheit sind in mir, die durch mich hindurchfließen?«

Würdevolle »Älteste« sein

Im System traditioneller ethnischer Gruppen gilt der Begriff »Älteste« oder »Ältester« jemandem, den man aufgrund seiner Lebenserfahrung und Weisheit um Rat fragen kann, der die Geschicke der Gruppe mit Weitsicht und innerer Gelassenheit lenkt oder zumindest mitbestimmt. Unsere grundlegende Ausrichtung, so jemand werden oder sein zu wollen, würde auch unserer Gesellschaft heute sehr guttun.

Irgendwann wird es Menschen geben, die sogar auf uns als Ahnin, als Ahnen zurückblicken. Guten Gewissens können wir auch diesen Menschen noch das eine oder andere an Aufräumarbeiten überlassen. Jede Generation hat ihre eigenen Aufgaben, keine ist perfekt – sie kann und sie muss es auch nicht sein. Dennoch kann sich das Bedürfnis entwickeln, ein »guter Ahne« zu sein. Es kann zu einem Herzenswunsch werden, wenn man sich die Generationenzusammenhänge im großen Fluss des Lebens einmal bewusst gemacht hat. Die Vorstellung, dass die Nachfahren sich wegen eines Rates, einer Inspiration oder eines Segens an uns wenden, verleiht beiden Seiten Kraft und etwas Würdevolles. Und in dieser Haltung zu leben tut dem gesamten System gut.

Es kann uns eine kraftvolle Vision für die Phase des höheren und hohen Lebensalters geben, ehrwürdige, starke Ahnen zu werden. Ein solcher Ausblick gibt den letzten Lebensjahren oder auch Jahrzehnten die Würde, die sie auch tatsächlich haben. Mit der Idee, die eigene Hinterlassenschaft auf allen Ebenen energetisch zu ordnen und all die Schätze, die des Weitergebens auch wirklich wert sind, noch einmal zu polieren, wird diese Zeit der Reife bewusst zu einer Phase der Vervollkommnung des eigenen Lebens. Je mehr Gutes, je mehr an Bewusstheit, Klarheit, Zuversicht und innerem Frieden wir an die nachfolgenden Generationen weitergeben können, umso leichter werden sie mit den anstehenden Herausforderungen ihrer Zeit fertigwerden können. An diesem Punkt ist aus dem Blick zurück auf die Ahnen ein kraftvoller Ausblick nach vorn auf die Zukunft geworden.

Danksagung

Mein tief empfundener Dank geht an die vielen Menschen, die mir über die Jahre ihr Vertrauen geschenkt haben und sich von mir in Seminaren und Einzelsitzungen begleiten ließen. Jeder Lebensweg, jede Geschichte ist anders, wird anders erlebt, anders empfunden und anders verstanden. Ich bin dankbar, dass so viele Erfahrungen Einzelner in meine Arbeit und somit auch in dieses Buch einfließen konnten.

Das professionelle Wissen über transgenerative Traumata verdanke ich Heike Gattnar. Für mich ist sie unersetzbare Lehrerin, geduldige Forscherin und weise Ahnin zugleich. Ihr bin ich aus tiefstem Herzen für ihre liebevolle Unterstützung dankbar.

Durch ihren ansteckenden Elan und ihren großen Glauben an dieses Buch hat mich Karin Stuhldreier als Leiterin des Allegria Verlages immer wieder neu motiviert, mein Ahnenwissen endlich einem größeren Kreis von Menschen zugänglich zu machen. Ich bin ihr dafür sehr dankbar und sehr verbunden.

Für eine vertrauensvolle und tiefe Freundschaft danke ich Franziska Muri. Durch ihre spirituelle Erfahrung, ihr Einfühlungsvermögen in die mehrdimensionalen Weiten und ihre sprachliche Kompetenz konnten mein fachliches Wissen und meine praktischen Erfahrungen so wunderbar zusammengefasst, geordnet und in eine schöne, wohlmeinende Sprache übersetzt werden. Vielen Dank auch für alle Anregungen!

Liebe und Dank auch meinen Ahnen, den biografischen und den spirituellen, dass sie mich auch in den dunkelsten Nächten stets geliebt haben und immer lieben werden.

Angebote der Autorin

Vera Griebert-Schröder bietet in Deutschland, Südtirol und der Schweiz zum Thema Ahnen Seminare an, außerdem Einzelsitzungen zu allen Themen der persönlichen Weiterentwicklung, Krisenintervention und spirituelle Begleitung.

Weitere Informationen finden Sie unter *www.innenwege.de.*

Literaturempfehlungen

Appel, Jeannie /Grosser, Dirk: *Ahnenreise. Schamanisch-meditative Wege zu unseren Wurzeln*, Arun-Verlag, Uhlstädt-Kirchhasel, 2012

Barley, Nigel: *Tanz ums Grab*, Klett-Cotta, Stuttgart 1998

Bode, Sabine: *Die vergessene Generation. Die Kriegskinder brechen ihr Schweigen*, Klett-Cotta, Stuttgart, 2015

Bode, Sabine: *Kriegsenkel. Das Erbe der vergessenen Generation*, Klett-Cotta, Stuttgart, 2014

Faulstich, Joachim: *Das innere Land. Bewusstseinsreisen zwischen Leben und Tod*, Knaur MensSana, München, 2006

Griebert-Schröder, Vera: *Schamanische Bewusstseinsreisen. Innere Wege finden zu Heilung, Kraft und Inspiration*, Südwest, München, 2007

Griebert-Schröder, Vera /Muri, Franziska: *Großstadtschamanismus. Wie wir zu uns finden, wenn die Welt sich immer schneller dreht*, Goldmann Arkana, München, 2014

Harner, Michael: *Der Weg des Schamanen. Das praktische Grundlagenwerk des Schamanismus*, Heyne, München, 2013

Ingerman, Sandra: *Auf der Suche nach der verlorenen Seele. Der schamanische Weg zu innerer Ganzheit*, Heyne, München, 2010

Ingerman, Sandra: *Heilung für Mutter Erde. Wie wir uns und unsere Umwelt verwandeln können*, Goldmann Arkana, München, 2011

Kampenhout, Daan van: *Die Heilung kommt von außerhalb. Schamanismus und Familienstellen*, Carl Auer Verlag, Heidelberg, 2014

Kampenhout, Daan van: *Die Tränen der Ahnen. Opfer und Täter in der kollektiven Seele*, Carl Auer Verlag, Heidelberg, 2010

Radebold, Hartmut / Bohleber, Werner / Zinnecker, Jürgen: *Transgenerationale Weitergabe kriegsbelasteter Kindheiten. Interdisziplinäre Studien zur Nachhaltigkeit historischer Erfahrungen über vier Generationen*, Juventa, Weinheim, 2009

Schellenbaum, Peter: *Berufung*, CD eines Vortragsmitschnitts, Auditorium Netzwerk, 2001

Schützenberger, Anne Ancelin: *Oh, meine Ahnen! Wie das Leben unserer Vorfahren in uns wiederkehrt*, Carl Auer Verlag, Heidelberg, 2012

Tolle, Eckhart: *Eine neue Erde. Bewusstseinssprung anstelle von Selbstzerstörung*, Goldmann-Arkana, München, 2005

Ustorf, Anne-Ev: *Wir Kinder der Kriegskinder. Die Generation im Schatten des Zweiten Weltkriegs*, Herder, Freiburg, 2010

Trommel-CDs zur Unterstützung des inneren Reisens

Griebert-Schröder, Vera: *Schamanische Bewusstseinsreisen. Geführte Reisen zum Rhythmus der Trance-Trommel,* Irisiana, München, 2012

Griebert-Schröder, Vera: *Schamanische Reisen zur Seele. Ganz werden durch die inspirierende Kraft der Erinnerung,* Irisiana, München, 2014

Harner, Michael: *Shamanic Journey Solo and Double Drumming,* Foundation for Shamanic Studies, 2008